TRAITÉ

CONTRE

L'AMOUR DES PARURES,

ET

LE LUXE DES HABITS.

TRAITÉ

CONTRE

L'AMOUR DES PARURES,

ET

LE LUXE DES HABITS;

PAR

l'Auteur du *Traité contre les Danses & les mauvaises Chansons.*

A PARIS,

Chez Augustin-Martin Lottin, l'aîné,
Imprimeur-Libraire du Roi & de la Ville,
rue S. Jacques, au Coq & au Livre d'or.

M. DCC. LXXIX.

Avec Approbation, & Privilége du Roi.

AVANT-PROPOS.

L'amour des Parures, & le Luxe des Habits, font aujourd'hui montés à un tel excès, que non-seulement la Religion, mais la Raison même en son bleffées. Beaucoup de perfonnes, qui, d'ailleurs, ne fe piquent pas d'une grande Piété, mais qui fe piquent de Raifon, blâment, comme exceffivement ridicules, plufieurs modes de notre temps, & fur-tout la manière dont un grand nombre de perfonnes du Sexe fe coëffent aujourd'hui. Les fages Payens de l'Antiquité les auroient hautement blâmées, fi elles avoient été en ufage de leur temps. N'eft - ce

donc pas la honte du Chriftianifme, que ces modes, auffi im-
modeftes que ridicules, ayent fi
fort prévalu parmi nous; & qu'é-
clairés des pures lumières de l'É-
vangile, on ne fuive pas même
celles de la Raifon?

C'eft l'excès & l'étendue de ce
défordre, qui a déterminé à com-
pofer le petit Traité qu'on donne
au Public. On emploiera, pour
combattre ce défordre, les armes
les plus fortes. On les prendra
dans les Saintes-Écritures, & dans
les Écrits des SS. Pères. C'eft à
ces autorités de l'Écriture & des
Pères, qu'il faut appliquer ces
paroles de S. Paul, (2. *Cor. ch.* 10.
℣. 4 & *fuiv.*) *les armes de notre
milice ne font point charnelles; mais
puiffantes en Dieu, pour renverfer*

tout ce qu'on leur oppose ; & c'est par ces armes, que nous détruisons les raisonnemens humains, & toute hauteur qui s'élève contre la science de Dieu ; & que nous réduisons en servitude tous les esprits, pour les soumettre à l'obéissance de J. C.

Nous espérons que quelques personnes qui se sont laissé entraîner par le torrent de la Coutume, pourront être touchées de ce qu'on va leur représenter ici ; &, si l'on réussit à en convaincre & à en toucher quelques-unes, on se croira bien récompensé de son travail, quoique la très-grande multitude continue à être opiniâtrément attachée à ce que le Saint-Esprit, dans les Livres sacrés des divines Écritures, & les Saints Docteurs de l'Église, dans leurs

Inſtructions & leurs Ouvrages, ont ſi unanimement & ſi hautement condamné. On connoît le prix d'une âme rachetée par le ſang de J. C. l'Agneau ſans tache & ſans défaut. Que nous-nous eſtimerions heureux, ſi Dieu daignoit ſe ſervir de ce petit Ouvrage, que le zéle ſeul de ſa gloire & du ſalut des âmes a fait entreprendre, pour arracher du cœur de quelques-unes des perſonnes, (que l'Amour des Parures a dominées juſqu'à préſent) le goût des Vanités du ſiécle, qui ſont une ſource de tant de péchés, & qui perdent un ſi grand nombre de Chrétiens!

TABLE
DES CHAPITRES.

TRAITÉ

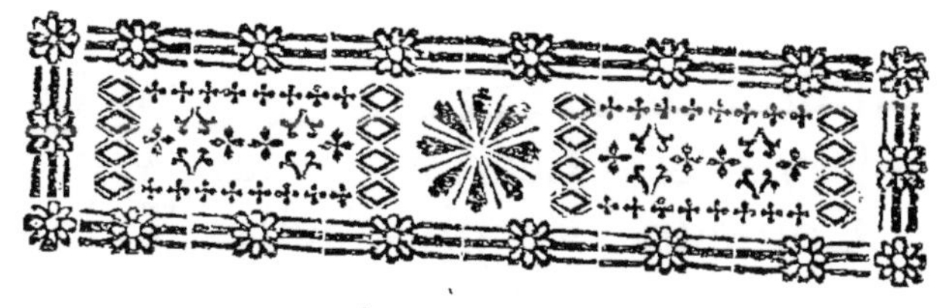

TRAITÉ

CONTRE

L'AMOUR DES PARURES,

ET LE LUXE DES HABITS.

CHAPITRE PREMIER.

L'Amour des Parures, & le Luxe des Habits font condamnés par les faintes Ecritures.

LE Saint-Efprit dit en termes formels, dans le Livre de l'Ecclé-fiaftique (*chap.* 11, ℣. 4.) *Ne vous glorifiez point de vos Vétemens.* En effet quelle gloire plus vaine que celle là? S. Bernard, exhortant une Vierge de qualité, nommée *Sophie*, à la méprifer, lui

A

difoit (*lettre* 113 , *n°* 4.) : « La
» Soye & l'Écarlate , les vives
» Couleurs, les plus belles Tein-
» tures ont de la beauté , mais
» elles n'en donnent pas. En-vain
» vous en ornez votre corps; cet
» Ornement étranger fe perd dès
» qu'on vous dépouille de votre
» Habit. La beauté qu'on emprunte
» d'un Habit , & qui difparoît
» avec lui , eft proprement à
» l'Habit, & non pas à la perfonne
» qui en eft revêtue (*n°* 5.) : Re-
» gardez comme une chofe indi-
» gne de vous, d'emprunter votre
» beauté de la peau d'un vil ani-
» mal , ou de l'ouvrage d'un ver-
» miffeau ; il n'en eft point de
» vraie & de folide , que celle
» qui vous eft propre , & qui ne
» vient point du dehors; » & cette
beauté eft celle de la Vertu.

Dans le même Livre de l'Ecclé-
fiaftique, le S. Efprit dit encore
(*ch.* 19, ℣. 17.) *Le Vêtement du corps,*
le ris des dents , & la demarche de

l'homme font connoître quel il est.
On voit ici clairement que le
Saint-Efprit autorife à juger par
la manière dont une perfonne
s'habille, de la difpofition de fon
âme. Cela veut-il dire que la modeftie des Habits foit toujours un
figne certain d'une piété intérieure?
Non; mais du moins c'eft un figne
certain qu'on n'eft point à Dieu,
que de n'être pas habillé mode-
ftement; ou, parce que la manière dont on eft habillé laiffe
appercevoir ce qui doit être entièrement couvert & caché; ou,
parce qu'il y a dans les Habits
trop de recherche & de fuperfluité. Qu'on ne dife pas que la
Religion ne confifte pas dans le
dehors : cela eft vrai; mais il n'eft
pas moins vrai que la Religion
régle l'extérieur comme l'intérieur, & que tout ce qu'il y a de
bon ou de mauvais dans le dehors,
vient du réglement ou du déré-

A 2

glement du dedans. On n'aimeroit
pas le Faſte ou la ſuperfluité dans
les Vêtemens, ſi la vanité n'étoit
pas dans le cœur.

Rien n'eſt plus remarquable
que la force avec laquelle le
Prophète Iſaïe s'eſt élevé contre la Vanité & le Luxe des filles
de ſon temps, & le détail dans
lequel le Saint-Eſprit, qui a parlé
par lui, a daigné entrer pour condamner leurs vains Ornemens. En
faiſant aux paroles du Prophète
l'attention qu'elles demandent,
pourra-t-on douter que le Luxe
& la Vanité des Habits ne ſoient
très-repréhenſibles, puiſqu'ils ſont
ſi hautement condamnés dans des
paroles inſpirées & dictées par le
Saint-Eſprit ? *Parce que, dit-il,*
(ch. 3, ℣. 16, & ſuiv.) *les filles*
de Sion ſe ſont élevées ; qu'elles ont
marché la tête haute, en faiſant
des ſignes des yeux, & des geſtes
des mains ; qu'elles ont meſuré tous
leurs pas, & étudié toutes leurs

démarches , (de combien de personnes du sexe dont on est envi-
ronné , est-ce là le portrait ?) *le
Seigneur rendra chauves les têtes des
filles de Sion ; il fera tomber tous
leurs cheveux. En ce jour là, le Seigneur leur ôtera leurs Chaussures magnifiques , leurs Croissants d'or , leurs
Colliers , leurs Filets de perles , leurs
Brasselets , leurs Coëffes , leurs Ru-
bans de cheveux , leurs Jarretières ,
leurs Chaînes d'or , leurs Boîtes de
parfums , leurs Pendans d'oreilles ,
leurs Bagues , leurs Pierreries qui leur
pendent sur le front , leurs Robes magnifiques , leurs beaux Linges , leurs
Poinçons de diamans , leurs Miroirs,
leurs Chemises de grand prix , leurs
Bandeaux & leurs Habillemens lé-
gers* (qu'elles portent en été); *&
leur Parfum sera changé en puanteur , leur Ceinture d'or en une corde ,
leurs Cheveux frisés en une tête nue
& sans cheveux , & leurs riches corps
de Juppe en un Cilice.*

S. Jean Chrisostome veut

A 3

qu'en lifant, ou entendant ces paroles d'Ifaïe, on s'arrête à deux
confidérations. La première eft
celle du temps auquel Dieu a ainfi
parlé par fon Prophète. La fecon-
de eft celle des châtimens dont
il menace les filles de Sion, contre
lefquelles le faint Prophète éléve
fa voix. A l'égard du temps auquel Ifaïe fait aux filles de Sion
les reproches qu'on vient d'entendre, S. Jean Chrifoftome
remarque (*lettre* 2, *à Olimpiade*,
Edit. Bened. t. 3, *p.* 541.) « que
» c'eft dans le temps de l'ancienne
» Loi, où Dieu ne parloit aux
» hommes que par des ombres &
» des figures; où il ne leur don-
» noit fur la manière de vivre, que
» les inftructions les plus groffières;
» où il ne leur parloit point du
» moins d'une manière claire, des
» chofes futures & céleftes; où
» cette philofophie fpirituelle que
» le Chriftianifme a mife en vi-
» gueur, n'étoit pas même con-

» nue; où enfin Dieu ne donnoit
» aux Juifs que des Loix impar-
» faites, & accommodées à leur
» groffièreté. Si, dans ce temps là
» même, & en parlant à un peu-
» ple tout charnel, Dieu a fi fé-
» vèrement défendu le Luxe & la
» magnificence des Habits, quel
» jugement doit-il en porter ,
» lorfqu'il la voit en des Chré-
» tiens, éclairés des lumières pures
» de l'Evangile, & dont les fenti-
» mens & la conduite doivent ré-
» pondre à la perfection que le
» Chriftianifme exige d'eux ? »

Si , à cette confidération ,
on joint celle des châtimens dont
Dieu menace de punir la vanité
& le luxe des filles de Sion ; &
fi l'on confidère par qu'elle dure
captivité il les a en effet punies,
pourra-t-on douter de la grandeur
d'un péché, qui a fi fort irrité le
Seigneur, & qu'il a fi févèrement
puni ? « En effet , dit le faint
» Docteur , Dieu étant auffi bon

» & aussi miséricordieux qu'il l'est,
» les auroit-il punies si sévère-
» ment, si leur péché n'avoit été
» encore plus grand que la puni-
» tion ? » *Vides acerrimam captivi-*
tatem , hinc peccati magnitudinem
conjicias licet ; neque enim benignus
Deus tàm gravem & acerbam pœnam
unquàm inflixisset , nisi peccatum
quod eam accerseret longè gravius
esset.

Le même saint Docteur avertit
que ce n'est point contre les seu-
les filles de Sion que le Prophète
parle , mais encore contre toutes
celles qui les imitent, ou qui les
imiteroient, dans quelque temps
qu'elles vécussent. (*Hom.* 89 , *in*
Matth. tom. 7 , *p.* 836.) *Neque enim*
ad illas tantùm hæc dicta sunt , sed
ad quaslibet mulieres , illas imitantes.

Afin que les plaintes du Prophète Isaïe contre l'amour des
filles de Sion pour les Parures ,
fassent plus d'impression sur toutes
les personnes du sexe , S.

Cyrille d'Alexandrie avertit qu'on auroit tort de croire que ce faint Prophète n'a voulu parler que contre des filles ou des femmes proftituées ; & il déclare que ces filles & ces femmes Juives, qui affectoient de paroître belles & magnifiques par la pompe de leurs Habits , & l'arrangement étudié de leurs Cheveux , le faifoient avec le confentement , & peut-être même à la follicitation de leurs pères & mères, ou de leurs maris , qui tenoient à honneur d'avoir des filles & des femmes qui fuffent agréables , & qui paruffent bien faites. Or il eft contre toute raifon de croire que ces pères & mères ou ces maris euffent voulu fouffrir des filles & des femmes qui auroient pu être foupçonnées de quelques déréglemens. (*Comment. in Ifaïam libr.* 1 , *Oration. Orat.* 3 , *tom.* 2 , *p.* 2.) *Quidam fibi laudi ducunt uxorum mollitiem ; hoc fortafsìs morbo affecti*

A 5

fuerunt Judæorum Proceres, dùm pietatem, quæ in Deum eſt, haberent deſpeĉtui . . . . . Invenitur ergò hæc oratio in eorum fæminas ſive filias primarias ſcilicèt & maximè inſignes quæ etiam erant Præpotentium; ac, inquis, Proptereà quòd elatæ fuerunt filiæ Sion, &c.

En conséquence de cette réflexion de S. Cyrille d'Alexandrie, M. de Sacy, dans ſes Réflexions ſur Iſaïe (*Grande Bible*, *tom.* 20, *p.* 28.) « remarque » que ce Prophète ne dit pas que » les filles de Sion ſe ſoient parées » avec un deſſein criminel ; & » cependant, après avoir marqué » en particulier tous les inſtru- » mens de leur Vanité & de leur » Luxe, il dit que *Dieu changera* » *leurs Parfums en puanteur, & leur* » *Ceinture en une corde* ». Ce pieux Auteur ajoute que « l'on ne doit » pas ſe flatter ſur ce point, en » conſultant ceux que l'on croit » les plus favorables au Luxe du

» siécle ; mais qu'il faut écouter
» Dieu, qui déclare ici lui-même
» sa penfée. Or ce qu'il condamne,
» n'eft point innocent ».

Un autre Commentateur du
Prophète Ifaïe, a donné plus
d'étendue à cette réflexion. Ce
qu'il a dit à ce fujet, eft fi lumi-
neux, fi folide & fi édifiant, que
j'ai cru devoir le rapporter tout
entier. (*M. Méfengui, tom.* 5,
pag. 219 *& fuiv.*) « Après, dit
» ce pieux Auteur, l'Arrêt pro-
» noncé par le Prophète contre
» les hommes en autorité, cou-
» pables d'injuftice & d'inhumanité
» envers les pauvres, Dieu joint
» celui qu'il va exécuter contre
» les femmes & les filles de Juda,
» pour des péchés auffi communs
» dans le Chriftianifme, qu'ils font
» peu connus. Qui oferoit, fans
» s'expofer à la raillerie, mettre
» au rang des défordres que Dieu
» détefte, & qu'il punira févère-
» ment dans les perfonnes du fexe,

» les airs de moleffe , les démar-
» ches étudiées , l affectation de
» fe redreffer & de marcher la tête
» haute , pour étaler fa bonne
» mine & fa belle taille ; les fignes
» des yeux & l'envie de s'attirer
» des regards par ceux qu'on di-
» ftribue ? Le Prophète n'accufe
» ici ni les actions, ni les difcours
» qui bleffent la pureté ; il ne
» marque que des airs ou de fier-
» té , ou de délicateffe , ou de
» légèreté. Une femme du monde
» ne s'avife prefque jamais de
» s'examiner fur cette matière ;
» &, fi l'on vouloit l'y rendre at-
» tentive , elle traiteroit de peti-
» teffe une telle exactitude. Et
» en effet il y a mille chofes
» plus criminelles à reformer dans
» la conduite des femmes du fié-
» cle. Mais Dieu nous apprend
» ici avec quelle févérité il con-
» damne ce que tant de perfonnes
» comptent pour rien ; combien
» il aime les manières humbles ,

» fimples, fincères, modeftes, &
» quelle corruption il découvre
» dans des chofes innocentes en
» apparence, mais dont l'orgueil,
» qu'il hait fouverainement, eft
» le principe.

» Dans le dénombrement des
» chofes que les femmes, au temps
» d'Ifaïe, employoient à leurs pa-
» rures, il n'y a rien qui foit vifi-
» blement mauvais, felon nos pen-
» fées, & que les Dames de no-
» tre fiécle ne foient prêtes à ju-
» ftifier. Le Prophète ne leur re-
» proche point d'ufer de fard pour
» paroître plus belles, ni d'être
» immodeftement découvertes. Il
» ne les accufe point de pouffer
» la dépenfe au-delà de leur bien,
» & de devoir aux Marchands, les
» étoffes précieufes dont elles fe
» parent ; c'eft la Parure & la
» magnificence en elle - même
» qu'il condamne. C'eft le Luxe
» & la moleffe que Dieu menace
» de punir bientôt, & d'une ma-

» nière qui servira de leçon à tous
» les siécles. Tous les prétextes
» dont on tâche de colorer cet
» usage des richesses, sont une
» foible défense contre la souve-
» raine justice. C'est à nous de
» réformer nos pensées sur celles
» de Dieu; & il y a de la folie à
» prétendre réformer ses juge-
» mens sur les nôtres. Les modes
» & les usages contraires à la sim-
» plicité & à la modestie, sont
» des abus que le nombre des
» coupables ne peut justifier; les
» richesses ont une autre fin que
» la molesse & l'orgueil; il y a
» mille crimes cachés sous une
» magnificence, qui paroît légi-
» time; elle tarit la source des
» aumônes; elle enflamme l'ava-
» rice; elle nourrit la vanité; elle
» éteint insensiblement la pudeur;
» elle a pour principe & pour fin
» le désir de plaire; elle consume
» le temps en soins frivoles; elle
» tourne l'attention de l'âme vers

» le corps, qu'elle doit humilier
» & affujettir ; & elle fait négliger
» les befoins de l'homme inté-
» rieur, qui périt par cette né-
» gligence criminelle ».

Si ces folides réflexions ne touchent pas tous ceux & toutes celles qui les liront, on ne peut du moins difconvenir qu'elles portent avec elles une lumière capable de convaincre toutes les perfonnes qui ne font pas abfolument déterminées à refifter toujours opiniâtrément à la Vérité, lors même qu'elle fe montre dans fon plus grand jour.

Dans le portrait que l'Evangile fait de S. Jean-Baptifte, pour nous donner quelqu'idée de fon éminente fainteté, il marque, pour un de fes caractères (*Matth. ch.3*, ℣. 4.) *qu'il portoit un Vêtement de poil de chameau, & une Ceinture de cuir au-tour de fes reins.* Sur quoi S. Clément d'Alexandrie

dit , (*liv.* 2 , *du Maître* , *édit.*
d'Oxf. p. 237.) « que S. Jean
» méprifa la Laine des brebis , la
» jugeant trop commode , pour
» lui préférer une Peau de cha-
» meau , qui eft bien plus rude ,
» & qu'il s'en revêtit , pour mener
» une vie fimple & éloignée du
» fafte. Il voulut , par cet exem-
» ple , apprendre aux hommes que
» les voies du Seigneur, qu'il ve-
» noit préparer , font très-éloi-
» gnées de la moleffe & de la fu-
» perfluité. Et , en effet , com—
» ment auroit-il voulu porter un
» Habit fuperbe & commode ,
» après avoir foulé aux pieds le
» Fafte du fiécle , & ne cherchant
» que la folitude , pour y jouir ,
» hors des embarras du monde ,
» tranquillement de Dieu ? »

    J. C. faifant dans un autre en-
droit du même Evangile , l'éloge
de fon faint Précurfeur, dit encore
de lui aux Juifs : (*Matth. c.* 11 ,

VV. 7 & 8.) *Qu'êtes - vous allé voir dans le défert ? un homme vêtu mollement ? Vous fçavez que c'eft dans les Maifons des Rois que de-meurent ceux qui font vétus molle-ment.* C'eft - à - dire , felon S. Clément d'Alexandrie , (*ibid. p.* 235 , *à la fin*, & 236 *au com-mencement.*) « Cette moleffe eft
» réfervée pour ces maifons de
» fafte , qui font toutes terreftres,
» corruptibles & fragiles , où l'on
» donne tout à la vaine gloire ,
» à l'ambition , à l'adulation , aux
» erreurs , aux préjugés. Mais
» ceux qui vivent felon les maxi-
» mes de la Cour célefte , où ré-
» gne le Roi des Rois, ne fe met-
» tent en peine que des Ornemens
» incorruptibles , & de la fainteté
» de leur corps , qui doit leur pro-
» curer l'immortalité ».

Plut à Dieu, dois-je dire après un célebre Auteur , qu'aujourd'hui on ne vît le Luxe & la Moleffe que dans les Maifons des Rois !

C'eſt un plus grand malheur qu'on ne penſe, de voir ces vices ſe déborder dans tous les états, même les plus médiocres. C'eſt ce qui attire les fléaux de Dieu ſur les Etats & ſur les Peuples. Un des ſujets de la damnation du Mauvais-Riche, qui, auſſi-tôt qu'il mourut, eut l'enfer pour ſépulchre, nous eſt marqué par ces paroles de l'Evangile (*Luc*, *c.* 16, ℣. 19.) *Il y avoit un homme riche, qui étoit vêtu de pourpre & de lin*, c'eſt-à-dire, trop magnifiquement & trop mollement. En effet comment peut-on accorder l'humilité & la pauvreté de Jéſus-Chriſt, dont nous devons être les imitateurs, avec le faſte & le luxe des Habits ou des Meubles, qui ne ſont propres qu'à nourrir l'orgueil?

S. Gregoire Pape, pour nous engager à profiter de cette remarque particulière de l'Evangile ſur le Mauvais-Riche, diſoit

à fon peuple : (*Hom.* 40 , *in*
Evang. n. 3.) « Il y en a qui
» penfent que l'amour des beaux
» & des magnifiques Habits n'eft
» pas un péché. S'ils avoient rai-
» fon de penfer ainfi , la parole
» de Dieu ne s'attacheroit pas à
» remarquer fi exactement que ce
» Riche, qui brûle dans les enfers ,
» s'étoit habillé pendant fa vie *de*
» *pourpre & de lin.* En effet , ajoute-
» t-il, nul ne s'habille magnifique-
» ment, (lorfqu'il n'y eft pas com-
» me forcé par la néceffité de fon
» état) que par vanité , & pour
» fe faire rendre plus d'honneur
» & de refpect ; & ce qui montre
» clairement, ajoute ce S. Docteur,
» que ce n'eft que par ce motif
» qu'on en ufe ainfi , c'eft qu'on
» ne fe met nullement en peine
» d'être habillé magnifiquement ,
» lors qu'on fçait qu'on ne fera vu
» de perfonne ».

S. Paul (1 , *Cor. chap.* 6 ,
℣. 20.) exhorte les Fidéles à

*glorifier & porter Dieu dans leurs
corps* ; c'eſt ce qu'on accomplit
en les conſervant dans une inviolable chaſteté , & lorſqu'on en
fait ſervir les membres , d'inſtru-
mens pour la Juſtice. Mais combien eſt-on éloigné de *glorifier
ainſi Dieu dans ſon corps*, lorſqu'on y cherche ſa propre gloire,
ſoit en faiſant trop de cas de la
beauté corporelle, qui ſe flétrit
ſi aiſement, ſoit en déſirant de ſe
diſtinguer des autres, & de ſe faire
remarquer par des Habits plus
éclatans. « S'il faut ſe glorifier dans
» ſon corps , dit S. Cyprien ,
» (*de habitu Virginum*, *édit. d'Oxf.*
» *p.* 69.) ce n'eſt que lorſqu'il
» eſt dans les tortures , pour la
» confeſſion du nom de J. C.; lorſ-
» qu'une femme eſt plus forte que
» les hommes qui la tourmentent ;
» lorſqu'elle ſouffre le feu , ou la
» croix , ou le fer , ou la rage des
» bêtes , pour être enſuite cou-
» ronnée ; ce ſont là les Pierre-

» ries & les Diamans qui ornent
» véritablement le corps ».

S. Paul recommande encore dans la même Epitre aux Corinthiens, (*ch.* 7, ℣. 31.) de *n'uſer des choſes de ce monde, que comme n'en uſant pas*, c'eſt-à-dire, ſans y attacher ſon cœur. La raiſon qu'il en donne, eſt que *la figure de ce monde paſſe*. Or, quand on ne s'attache point aux choſes de ce monde, parce qu'on eſt touché de leur inſtabilité & de leur courte durée; n'en reſſerre-t-on pas tant qu'on peut l'uſage qu'on en fait, & ne ſe borne-t-on pas à ce qui eſt néceſſaire ? Eſt-ce ainſi qu'agiſſent tant de perſonnes attachées à la beauté des Habits, & qui cherchent tant de Parures ſuperflues ? Que penſeroit-on, & que diroit-on d'une perſonne qui, ayant été miſe en priſon pour dettes, ne ſongeroit qu'à orner ſa priſon, & négligeroit de prendre tous les moyens &

tous les arrangemens qu'elle pourroit , pour s'acquitter envers ses
créanciers ? Une telle conduite
ne seroit-elle pas regardée avec
raison comme une insigne folie ?
Or , qu'est - ce que notre corps ,
par rapport à notre âme ? Il est
sa prison , c'est en le regardant
ainsi que David disoit à Dieu :
(*Pf.* 141 , ℣. 10.) *Tirez , Sei-*
gneur , mon âme de sa prison , afin
que je bénisse votre nom ; les
Justes m'attendent , jusqu'à ce que
vous me rendiez la récompense.
Pendant donc que notre âme est
retenue dans la prison de son
corps, que notre plus grand soin
soit de nous acquitter , par des
œuvres de pénitence , propor-
tionnées à nos péchés , des dettes
que nous avons contractées envers
la justice de Dieu. Et , au contraire , l'amour des Parures
ne fait qu'augmenter nos dettes par les péchés dont cet amour
est la source , & pour soi-même ,

& trop souvent pour les autres.

Mais, outre ces principes généraux de la Morale Chrétienne, qui condamnent ouvertement l'amour des Parures, & le Luxe des Habits, les saints Apôtres ont expressément & spécialement exhorté à éviter cet amour & ce Luxe. S. Paul écrit à Timothée : (I. *Tim. ch.* 9 , *vv.* 9 & 10.) *Que les femmes prient étant vêtues, comme l'honnêteté le demande ; qu'elles se parent selon les régles de la modestie & de la chasteté, & non avec des Cheveux frisés, ni des Ornemens d'or, ni des Perles, ni des Habits somptueux, mais comme des femmes qui montrent par leurs bonnes œuvres, la Piété dont elles font profession.*

Combien s'en faut - il , par la manière dont beaucoup de femmes & de filles font habillées & font coëffées , qu'elles montrent qu'elles font profession de Piété? Au contraire tout l'attirail de vanité qu'elles portent , & l'immodeſtie de leurs Habits & de leurs Coëffures ne montrent-ils pas plutôt qu'elles ont renoncé à la Piété, ou au moins qu'elles penſent peu à la pratiquer ?

L'Apôtre S. Pierre a donné aux perſonnes du ſexe, preſque dans les mêmes termes que S. Paul, les mêmes avis ſur les Parures, (1, *ch.* 3, ℣℣. 3, 4 & 5.) *Ne vous parez point*, leur dit - il, *au-dehors par la Friſure des cheveux, par les Ornemens d'or, ni par la magnificence des Habits ; mais ornez l'homme intérieur & inviſible, par la pureté incorruptible d'un eſprit doux & ami du ſilence ; ce qui eſt un riche Ornement aux yeux de Dieu. Car c'eſt ainſi que ſe paroient autrefois les ſaintes Femmes, qui eſpéroient en Dieu.* Il n'eſt pas une de ces paroles qui n'ait été inſpirée à S. Pierre par l'Eſprit de Dieu ; & ainſi en contredire une ſeule, ce ſeroit contredire Dieu-même, dont l'Eſprit les a dictées.

S. Pierre

S. Pierre, dans ces paroles, fait deux chofes. 1° Il recommande de ne s'occuper que le moins qu'on peut, de l'homme extérieur, c'eft-à-dire de fon corps. 2° Il exhorte à prendre un très-grand foin de l'homme intérieur, c'eft-à-dire de fon âme.

1° Un Chrétien ne doit accorder à l'homme extérieur, qui eft le corps, que ce qui lui eft abfolument néceffaire : d'où il s'en fuit qu'il ne doit fe permettre aucune Parure trop recherchée & fuperflue. Je dois cependant obferver que, lorfque l'Apôtre S. Pierre a défendu les Ornemens d'or & la magnificence des Habits, il n'a pas prétendu défendre aux perfonnes d'un état plus diftingué & plus relevé felon le monde, une manière de s'habiller plus éclatante, qui les diftinguât des perfonnes d'une condition plus baffe & plus obfcure. Les Apôtres ne font point venus pour confondre les

B

conditions dont Dieu lui-même a établi la différence : mais ils font venus pour apprendre à chacun à vivre chrétiennement, & à fe fauver dans l'état où Dieu l'a placé. L'intention du S. Apôtre a donc été de recommander qu'on évite dans la manière de s'habiller, trop de recherche , & toute fuperfluité relativement à l'état dans lequel on eft. Que les Dames & les Demoifelles de qualité portent donc des Habits plus riches & plus précieux, que celles qui n'en font pas ; mais qu'elles ne perdent pas de vue cette régle de S. Paul, qui eft pour les perfonnes de Qualité, comme pour les autres: (1 *Tim.* ch. 2 , ℣. 9.) *Que les Femmes prient, étant vêtues comme l'honnêteté le demande : qu'elles fe parent felon les régles de la modeftie & de la chafteté.* On fe tient bien affuré que , fi elles ont une véritable piété, elles feront toujours dans

une fainte appréhenfion de s'accorder trop , par rapport aux
Parures. Que fi la bienféance &
la néceffité de leur condition exi-
gent qu'elles foient vêtues plus
richement que les autres , elles
auront en elles-mêmes une fecrète
confufion , de fe voir obligées à
porter des Ornemens qui plaifent
à l'orgueil, & dont la vanité ne
fe nourrit ordinairement que trop.
Les Parures du dehors ne font
que pour les hommes, à qui nous
ne devons point chercher à plaire;
elles ne font que pour le corps,
qu'il faut plutôt fonger à punir
qu'à orner , pour avoir fouvent
fervi d'inftrument à l'iniquité.
S'appliqueroit-on à parer un ennemi, de qui on auroit toujours
à craindre quelque coup mortel?
Et notre corps n'eft-il pas , à
caufe de fes fréquentes révoltes
contre l'efprit, un ennemi extré-
mement dangéreux, que nous portons toujours avec nous, & contre

lequel nous devons continuellement être en garde, bien loin de
tant songer à le parer? Un corps,
qui sera bientôt réduit, par la
mort, à une difformité, dont ceux
qui le verront, lorsque l'âme en
sera séparée, ne pourront supporter la vue : qu'on sera obligé de
renfermer promptement dans un
noir tombeau, pour n'être pas
incommodé de l'infection qu'il ré-
pandra, & qui doit être la pâture
des vers, mérite-t-il tant d'attention que bien des gens lui en
donnent ?

S. Augustin, parlant des Ornemens de l'homme extérieur, dit
(*Serm.* 161, *n°* 11,) « que
» plus on désire ces Ornemens,
» plus on fait de tort à l'homme
» intérieur » : *Corporis hujus, id est
exterioris hominis, Ornamenta quantò
magìs appetuntur, tantò sunt inte-
rioris majora detrimenta.* Et au contraire moins on désire les Parures
de l'homme extérieur, plus on

songe & on s'occupe à parer l'homme intérieur par des mœurs pures & saintes : *Quantò autem minùs appetuntur Ornamenta exterioris hominis , tantò magìs moribus pulchris homo interior adornatur...* « Ne pen-
» sez pas, continue le S. Docteur,
» que Dieu, qui a pourvu de tant
» de richesses l'homme extérieur,
» ait privé l'homme intérieur de
» celles qui lui sont propres. Il en
» a donné d'invisibles & de spiri-
» tuelles à cet homme spirituel &
» invisible, » *Dedit invisibili, divitias invisibiles; & invisibilem ornavit invisibiliter.*

Aussi l'Apôtre S. Pierre, après avoir exhorté les femmes à ne se point parer au dehors, les exhorte-t-il à parer l'homme invisible & intérieur , parce qu'autant que l'âme est au-dessus du corps , autant les Ornemens spirituels sont préférables aux Ornemens corporels. Et quels sont ces Ornemens spirituels ? l'Apôtre S. Pierre les

à tous renfermés dans ces paroles :
Ornez l'homme intérieur & invisible
par la pureté incorruptible d'un esprit
doux & ami du silence. L'esprit doux,
dont parle S. Pierre, est une âme
en tout soumise à Dieu, & qui,
par conséquent, évite tout le mal
qu'il défend, & pratique toutes
les vertus qu'il nous a comman-
dées ; & ces vertus sont, selon le
S. Apôtre, un magnifique Ornement aux yeux de Dieu, à qui
seul nous avons intérêt de plaire.

David a parlé de ces Ornemens
spirituels d'une âme, avec laquelle
Dieu, en la sanctifiant par le Baptême, a fait une alliance spirituelle, lorsqu'il a dit dans le *Ps.* 44.
℣. 11. *La Reine est assise à votre*
droite, avec une Robe couverte d'or,
& parée avec une admirable variété.
Et afin qu'on ne put douter qu'il
n'avoit en vue, en parlant ainsi,
que des Ornemens spirituels & tout
intérieurs ; il a ajouté peu après
(℣. 15,) *Toute la gloire de la fille*

du Roi vient du dedans : c'eſt-à-dire
du bon état de ſon âme & de ſa
conſcience ; au lieu que la gloire
que l'on tire des Parures du corps,
vient du dehors. Il eſt donc viſible
que l'or dont David parle, eſt
l'or ſpirituel de la charité, comparée à l'or, à cauſe qu'elle eſt
la plus précieuſe de toutes les vertus, comme l'or eſt le plus précieux de tous les métaux. La fille
du Roi, la Reine, qui, ſelon David,
a une robe couverte d'or, c'eſt
l'âme juſte, que Jéſus-Chriſt, le
Roi des Rois, a rendue ſa fille &
ſon épouſe dans le Baptême, &
dont il a auſſi fait une Reine par
la grâce, par laquelle elle commande à ſes paſſions & les tient
aſſujetties, en les réprimant. Cette
fille du Roi, & cette Reine, dans
un ſens tout ſpirituel, a une Robe
toute couverte d'or, parce que la
juſtice, qui fait ſon Vêtement intérieur, conſiſte eſſentiellement
dans la charité : & l'admirable

variété de sa Robe, c'est l'éclat des différentes vertus qu'elle pratique, qui ont toutes la charité pour principe, & qui ont chacune leur mérite & leur éclat particulier.

Tels sont les Ornemens intérieurs, par lesquels seuls on peut plaire à Dieu, & dont S. Pierre exhorte les femmes à parer en elle l'homme invisible & caché dans le cœur. Et peut-on estimer, comme on le doit, ces Ornemens intérieurs, sans mépriser à proportion les Ornemens extérieurs, qui ne font que pour le corps ?

CHAPITRE II.

L'Amour des Parures & le Luxe des Habits, condamnés unanimement & très-sévèrement par les SS. Docteurs de l'Eglise de tous les siècles.

LES Hérétiques mêmes n'ont pu s'empêcher de respecter ces Saints Docteurs, à cause de leur éminente piété, de la pénétration & de l'étendue de leur esprit, de la solidité & de la force des raisonnemens, par lesquels ils ont prouvé les vérités qu'ils ont entrepris d'établir. Combien plus les Catholiques doivent-ils les respecter! & peut-on les respecter sincèrement, sans se rendre à leurs décisions, & sans mettre en pratique leurs instructions?

Je commence par les PP. Grecs. S. Clément, Prêtre d'Alexandrie,

établit d'abord ce principe ; *Que la
sainte Ecriture a déclaré , que tout
ce qui est superflu* (en Habits ou
autrement) *vient du Diable.* (De
Pedag. l. 2, t. 1, p. 232.) *Quod
est superfluum, esse à Diabolo decla-
ravit Scriptura.* Ensuite il remarque
(*ibid. p.* 245,) que « Comme Eve
» fut séduite par le serpent, de
» même aujourd'hui beaucoup de
» femmes se laissent séduire par la
» beauté & les richesses de leurs
» Parures. C'est l'apas que le Dé-
» mon leur présente , pour les
» faire tomber dans l'abîme du
» péché, comme il présenta au-
» trefois à Eve, le fruit défendu,
» dont elle s'arrêta trop à confi-
» dérer la beauté ».

Jésus-Christ défend (*Matth. ch.* 6,
℣. 31 & 32) toute inquiétude,
par rapport à la nourriture & aux
Habits même les plus nécessaires ;
sur quoi cet ancien Père fait ce rai-
sonnement si solide. (*ibid. p.* 232.)
« Si Jésus-Christ ne veut pas qu'on

» s'inquiéte, par rapport à ce qui
» est plus nécessaire à notre corps;
» que faut-il penser de la recher-
» che des Ornemens de vanité &
» des Parures superflues? » Peu
après il ajoute (*p.* 233.) « Je loue
» & j'admire l'ancienne ville de
» Lacédémone, qui ne permettoit
» qu'aux femmes débauchées de
» porter des Habits magnifiques &
» enrichis d'or, & qui, par-là,
» éloignoit les honnêtes femmes
» de cet attirail de vanité, qui
» n'étoit accordé qu'à celles qui
» faisoient profession publique
» d'impudicité.... J'approuve, dit-
» il encore, (*pag.* 236.) le dessein
» du Sophiste ou Philosophe Cée
» dans les deux Statues qu'il fit
» faire pour représenter la Vertu
» & le Vice; celle qui représen-
» toit la vertu, étant debout d'un
» air majestueux, revétue d'un
» Habit blanc, (*Symbole de l'in-*
» *nocence,*) n'avoit pour tous Or-
» nemens que la pudeur dont elle

B 6

» étoit parée ». Tel eſt le portrait d'une honnête femme, qui ne doit rechercher d'autres Ornemens que ceux de la vertu & de la pudeur. « Au contraire la Statue, qui re- » préſentoit le Vice, étoit couverte » d'Habits ſuperflus, & teints en » couleur écarlate ; & elle étoit » dans une attitude, qui n'expri- » moit que la volupté & la mol- » leſſe, & telle qu'on la voit dans » les femmes débauchées ».

Enfin S. Clément d'Alexandrie, combattant la recherche des Pa- rures & des Habits les plus écla- tans, la tourne en ridicule, en diſant « Qu'en voyant cette re- » cherche, on croiroit que les » Habits ſont faits plutôt pour » faire plaiſir aux yeux, que pour » couvrir le corps ». (*ſuprà, p.* 235.) *Quò fit ut ad viſum conferatur jam Veſtis, non ad integumentum.*

S. Baſile, dans ſes grandes ré- gles, répondant à la Queſtion 22, où il examine quelle eſt la manière de s'habiller, qui convient à un Chrétien, commence par rappeller un principe qu'il a établi plus haut; sçavoir, que « L'humilité, » la simplicité, la recherche de ce » qu'il y a de plus vil, & l'atten- » tion à faire le moins de dépense » qu'il est possible, sont de devoir » pour un Chrétien, afin qu'il ait » moins de sujets & d'occasions » d'être détourné par les nécessités » du corps, des choses spirituelles » & célestes ». (*tom.* 2, *p.* 366.) *Ut sint nobis causæ paucæ, quibus ob corporeas necessitates distrahamur.* Ce S. Docteur, après avoir rappellé ce principe, veut qu'on le suive en particulier, par rapport aux Habits : *Eo animo hæc etiam ratio circa Vestitum observanda est.* Il conclut de-là que, comme il y a une sorte d'Habits propres à certains états, pour faire connoître ceux qui y sont engagés; par exemple, l'Habit des Magistrats, l'Habit des Soldats, &c. Il y a aussi une manière de s'habiller , par laquelle on doit reconnoître les véritables Chrétiens , & cette manière , c'est celle qui est la plus simple & la plus modeste. (*p.* 568.) *Ut igitur in Vestitu, peculiaris quidam est Ornatus Militis , alius Senatoris , alius alteriûs , ex quibus ut plurimùm conjectantur ipsorum dignitates , itâ quoque Christianum habere vel in Vestitu peculiare quiddam , quo traditus ab Apostolo , modestus ornatus conservetur , par est & decorum.*

Le zèle ardent de S. Jean-Chrysostome contre toute espèce de désordre , l'a porté à s'élever souvent dans ses Instructions contre le Luxe des Habits & l'amour des Parures qui régnoit de son tems ; & c'est en partie ce qui lui a attiré les grandes persécutions qu'il a eues à souffrir. Plusieurs Dames, de Condition qui étoient à la Cour de l'Impératrice, & dont quelques - unes même étoient ses parentes, ne pouvant fouffrir ce Cenfeur de leur vanité & de leur Luxe, qu'elles trouvoient trop févère & trop importun, animèrent contre lui l'Impératrice Eudoxie, qui, étant déjà mal difpofée à fon égard & entrant dans leurs vues, follicita & obtint de l'Empereur, un ordre qui l'exila dans un pays fort éloigné.

Les Inftructions, dans lefquelles S. Chryfoftome a élevé fa voix contre la vanité des femmes, le Luxe & la fuperfluité des Habits, font en fi grand nombre, que je m'étendrois trop, fi j'entreprenois de rapporter tout ce qu'il a dit à ce fujet. Il faut donc néceffairement que je me borne à quelques uns des endroits, où il en a parlé d'une manière plus vive & plus touchante. Voici ceux qui m'ont paru plus dignes d'attention.

Dans une de fes Homélies fur la Genèfe, expliquant l'endroit où il eft dit, (*ch.* 3, ℣. 21.) que *le Seigneur Dieu fit à Adam & à fa*

*femme des Habits de peaux, & qu'il
les en révêtit :* c'est-à-dire, qu'il
commanda que ces Habits se fissent;
le S. Docteur tire une importante
morale de ce que ces Habits ne
furent que de peaux, & non pas
de riches étoffes, que Dieu auroit
également pu former sur le champ,
pour les leur donner. « Dieu, dit-il,
» *(Hom.* 18. *in Gen. t.* 3, *p.* 551
» *&* 552.) voulut par ces Habits,
» non-seulement si simples, mais
» encore si vils, les faire conti-
» nuellement souvenir de leur dés-
» obéissance ». *Jussit Tunicis pelli-
ceis vestiri, in perpetuam inobsequentiæ
memoriam.* « Il a voulu nous ap-
» prendre à ne point mener une
» vie molle & voluptueuse, mais
» plutôt une vie dure & austère :
» *Quò docuit nos ut mollem & disso-
» lutam vitam fugiamus, neque iner-
» tem & remissam sectemur, sed magis
» austeram amplexemur.* Que les
» riches écoutent bien ceci, ajoute
» le S. Docteur, *Audiant opulenti,*

» & que ceux qui recherchent
» tant de magnificence dans leurs
» Habits, nous difent pourquoi elle
» leur plaît fi fort. Comment ne
» penfez-vous pas que la néceffité
» de porter des Habits eft une
» grande punition de la défobéif-
» fance de nos premiers parents ?
» *Non cogitas pro magno fuppli-*
» *cio, propter tranfgreffionem Tegmen*
» *hoc excogitatum effe ?* Pourquoi
» n'écoutez-vous pas S. Paul, qui
» vous dit, (I. *Ep. Tim. c.* 6, ℣. 8.)
» *Ayant de quoi nous nourrir & de*
» *quoi nous couvrir, nous devons*
» *être contents. Et quarè non audis*
» *Paulum dicentem : habentes victum*
» *& Veftitum, illis contenti erimus* ».
Vous voyez par-là, que tout ce
dont nous devons avoir foin, c'eft
que notre corps foit couvert, fans
nous mettre en peine de la beauté
& de la variété des Habits. *Vides*
uniûs duntaxat rei habendam effe
curam, videlicèt ne corpus nudum fit,
fed ut tegatur, nec ampliùs de va-

rietate Veſtium eſſe nos ſollicitos oportet.

Dans l'Homélie 69 , ſur S. Matthieu , le S. Docteur avertit qu'on ne peut orner tout à la fois, l'âme & le corps : *Non poſ- ſumus animam ſimul ac corpus or- nare.* Et, pour montrer, par une comparaiſon ſenſible , qu'il faut prendre beaucoup plus de ſoin d'orner ſon âme des Vertus , que ſon corps d'Habits éclatans ; il ajoute, (*p.* 682.) « Si quelqu'un » vouloit orner votre maiſon de » Tapiſſeries rehauſſées d'or, pen- » dant qu'il vous laiſſeroit tout » nud, ou couverts d'Habits tout » déchirés ; ne-ſeriez vous pas très- » mécontent d'une pareille con- » duite ? Et n'eſt-ce pas ce que » vous faites à l'égard de vous- » même , lorſque vous vous ap- » pliquez tant à parer votre corps, » qui eſt la maiſon de votre âme , » & même ſa priſon, comme l'ap- » pelle David, pendant que vous

» laiſſez tranquillement l'âme elle-
» même, qui eſt la maîtreſſe de
» cette maiſon, toute couverte
» des Haillons du pêché ».

Dans l'Homélie 89, ſur l'Evangile du même S. Matthieu, le
S. Docteur demande, (*p.* 835.)
« Comment une Femme, qui aime
» à ſe parer, aura-t-elle du goût
» pour les choſes ſpirituelles, &
» aimera-t-elle à s'y appliquer
» comme elle le doit ? *Cui ſpiritua-*
» *lium unquàm, ut convenit, incum-*
» *bet ?....* Combien vaudroit-il
» mieux nourrir ceux qui ont
» faim, que de ſe faire percer
» les oreilles, pour y faire pendre
» la nourriture de mille Pauvres ?
» *Quantò meliùs eſſet eſurientes ani-*
» *mas alere, quàm imam auriculam*
» *perforare, & ibi mille Pauperum*
» *alimenta fruſtrà ſuſpendere ?....*
» Cherchez-vous la louange & la
» gloire ſolide ? Mépriſez & re-
» jettez tout cet étalage de va-
» nité, alors tout le monde vous

» admirera, & vous jouirez de la
» véritable gloire & d'un plaisir
» pur ». *Laudem amas & gloriam ?*
Ergò ridiculum hunc Amictum exue;
tùncque te omnes mirabuntur, tunc
gloriâ & purâ voluptate frueris....
« C'est l'attachement à ces vanités
» qui vous empêchent, & vos Maris,
» de faire les aumônes que vous
» pourriez & devriez faire:» *Hæc vos*
nec-non Conjuges veftros ad eleemo-
finam erogandam inutiles reddunt.

Ecoutons encore un moment
S. Jean-Chryfoftome. Ce qu'il dit
(dans la 18 Hom. fur la 1. Ep.
aux Cor.) eft fi beau, fi convain-
quant & fi touchant, que nous
ne devons point nous laffer de
l'entendre. Il y parle des perfonnes du fexe, qui cherchent à plaire, par leurs vains Ornemens,
d'une manière à faire rougir toutes
celles qui n'ont pas perdu tout
fentiment de foi. (*tom.* 10, *p.* 155.)
« Penfez-vous, dit ce Père, que
» le Démon eft avec les avares,

» & les autres pécheurs dont
» S. Paul fait l'énumération dans
» le Chap. 6. de la 1ᵉ Ep. aux
» Corinthiens; & qu'il ne foit pas
» avec ces Femmes & ces Filles,
» qui s'ajuftent avec tant de foin
» pour plaire? Que fi quelqu'un
» veut contefter la vérité de ce
» que j'avance, qu'il tâche de pé-
» nétrer dans l'intérieur de ces
» Femmes, qui font paroître dans
» leur extérieur, tant d'immodeftie,
» & il verra que le Démon ne
» poffféde que trop réellement leur
» âme. Il eft très-difficile, M. T. C. F.
» oüi, il eft très-difficile, il eft
» même peut - être impoffible,
» qu'une Femme qui a fon corps
» fi bien paré, puiffe avoir en
» même tems fon âme ornée de
» la piété & des vertus Chrétien-
» nes ». *Difficile enim eft, Dilecti,*
Difficile eft, imò fortafsè impoffibile,
ut fic ornato corpore, fimul quoque
ornetur anima. « Car il faut néceff-
» fairement qu'en prenant un fi

» grand soin de l'un, on néglige
» l'autre. Ces deux soins si diffé-
» rens, ne peuvent subsister en-
» semble ». *Necesse est alterum ne-*
gligere, eum qui alteriûs curam habet:
neque enim ex natura sua, hæc simul
esse possunt.

Dans l'Homélie 2, sur la 1ᵉ Ep.
à Timothée, on lit, (*tom.* 2, *p.* 559.)
« Voyez-vous combien est mé-
» prisable la gloire de ce monde,
» &, en particulier, celle qu'on
» cherche dans la magnificence des
» Habits, puisqu'on la met dans
» ce qui est l'ouvrage des vers?
» Voulez-vous avoir un Habit
» vraiment magnifique, tout écla-
» tant d'or? Allez le chercher dans
» le Ciel, où il se fabrique. En
» effet, c'est de-là que vient toute
» grâce excellente & tout don
» parfait, qui font l'ornement de
» l'âme. Cet or spirituel de la ver-
» tu, est infiniment au-dessus de
» l'or matériel, que les criminels
» condamnés à travailler aux mi-

» nes, tirent des entrailles de la
» terre. Revêtons - nous donc de
» cette Robe qui n'eſt pas l'ou-
» vrage de pauvres artiſans, mais
» de Dieu même ». *Stolâ illâ nos
amiciamus , quam non homines &
ſervi conficiunt, ſed ipſe Dominus.*

Enfin, dans l'Homélie 28, ſur
l'Epître aux Hébreux, S. Jean-
Chryſoſtome dit encore, (*tom.* 12,
p. 264.) « A quoi ſert tout cet
» or, dont on couvre les Habits,
» cela ne convient qu'aux Com-
» médiens & aux Femmes de mau-
» vaiſe vie, qui font tout pour
» être regardées. » *Quid ſibi vult
multum aurum ? Scenicis hæc conve-
niunt ; hæc ſunt meretricum , quæ
omnia faciunt ad hoc, ut ſpecten-
tur.* « Laiſſons ces vains ornemens
» aux Femmes qui montent ſur
» le Théâtre ». *Ornetur illa quæ eſt
in Scena. :* « Mais que les Femmes
» qui font véritablement profeſ-
» ſion de piété, ayent des Orne-
» mens bien différens : » *Quæ autem*

verè pietatem profitetur, non sic orné-
tur, sed aliter habeat Ornatum illo
majorem. « Vous avez aussi votre
» Théâtre, *Habes & tu Theatrum?*
» Quel est-il ? » *Quodnam est tuum*
Theatrum ? « c'est le Ciel & les
» Spectateurs qui vous y regar-
» dent : c'est un peuple d'Anges. ».
Cælum, populus Angelorum. « Que
» ces Spectateurs célestes vous
» voyent donc revêtus d'Habits
» qui leur donnent de la joie : » *Ta-*
libus induere, ut illos lætitiâ affi-
ciant. « Et les Anges ne se réjouis-
» sent que de ce qui plaît à Dieu,
» de ce qui l'honore, & de ce qui
» est pour le bien des âmes, en
» les rendant saintes ».

CHAPITRE

CHAPITRE III.

Condamnation de l'amour des Paru-
res & du Luxe des Habits, par
les Pères de l'Eglife Latine.

C'EST pour éviter la confufion
dans le grand nombre d'autorités
des Pères de l'Eglife, que j'avois
deffein d'alléguer que je n'ai
d'abord rapporté que celles des
Pères de l'Eglife Grecque. Ceux de
l'Eglife Latine, animés du même
efprit & du même zèle, n'ont pas
parlé avec moins de force que
ces premiers, contre l'amour des
vaines Parures & le Luxe des
Habits.

Je commence par Tertullien.
Cet ancien Docteur de l'Eglife
veut qu'on regarde les Habits, que
la vanité fait rechercher & qui
la nourriffent, comme des préfens
du Diable. Et, rappellant fur cela ce

C

que S. Paul écrit aux Corinthiens, (I , *ch.* 6 , ⅄. 3.) *Que nous serons un jour les juges des Anges mêmes*, c'est-à-dire, des Démons; il demande comment oserons-nous monter sur le Tribunal, pour juger & condamner ceux dont nous aurons reçu les présens? (*De Cultu Fœminarum. l.* 1 , *c.* 2.) *Quâ conſtantiâ Tribunal illud aſcendebimus, decreturi adverſùs eos quorum munera appendimus?* Nos serviteurs n'empruntent rien de nos ennemis, & les Soldats ne désirent point de recevoir quelque présent de ceux contre qui ils doivent combattre pour le service de l'Empereur, à la Milice duquel ils sont enrôlés. (*l.* 2 , *de Cultu Fœmin. c.* 5.) *Servi noſtri ab inimicis noſtris nihil mutuantur; Milites ab hoſte Imperatoris ſui nihil concupiſcunt.* C'est une espéce de trahison que de prendre ce qui nous est présenté par l'ennemi de celui sous la dépendance duquel nous sommes.

*De adverfario ejus in cujus manu
fis, aliquid ufui poftulare tranfgreffio
eft.*

Selon le même Père, (*l. 2, de
Cultu Fæmin. c. 6.*) « Charger fa
» tête des Ornemens de la vanité,
» c'eft en faire au Démon une
» efpéce d'Autel pour lui facri-
» fier ; car ce qu'on fait qui plaît
» à l'Efprit impur, peut être re-
» gardé comme un facrifice qu'on
» lui offre ».

J. C. a dit que perfonne ne
peut ajouter à fa taille la hauteur
d'une coudée ; &, par la manière
dont beaucoup de Femmes élévent leurs cheveux & leur Coëffures , on diroit qu'elles veulent
donner un démenti à J. C. *Mirum
quod non contra Dominica præcepta
contenditur, ad menfuram neminem
fibi adjicere poffe pronuntiatum eft,
vos verè adjicitis ad pondus.*

Selon ce Père, on connoît à la
tête des Femmes, fi Dieu eft dans
leur cœur ; c'eft-à-dire, ce qui

montrera si elles portent Dieu
dans leur cœur, par la présence
de son esprit, ou s'il en est éloigné; ce sera la modestie ou l'immodestie de leurs Coëffures. (*De
velandis Virginibus, c.* 16, *à la fin.*)
*Qui (Deus) si fuerit in pectore,
cognoscetur in capite Fæminarum.*
Que cette Sentence de Tertullien
condamne de personnes du sexe
dans notre malheureux siécle,
où l'élévation, l'immodestie & le
ridicule des Coëffures sont parve-
nus à un si grand excès.

Enfin Tertullien, après avoir
marqué dans un assez long détail,
les Ornemens de Vanité & de Luxe,
qui étoient en usage de son tems,
& qu'il exhorte les Femmes chrétiennes à rejetter, finit son Traité,
en leur indiquant les Ornemens
spirituels qu'elles doivent chercher. « Ayez, dit-il, le blanc
» de la simplicité chrétienne, &
» le rouge de la pudeur. Que la
» modestie de vos regards fasse

» l'Ornement de vos yeux, & l'a-
» mour du silence, celui de votre
» bouche. Que les paroles de
» Dieu, par l'attention avec la-
» quelle vous les écouterez, vous
» tiennent lieu de Pendans d'oreil-
» les. Que le joug de J. C. soit
» attaché à vos têtes ; & par-là
» vous serez bien parées. Occu-
» pez vos mains à filer, ou à
» quelqu'autre ouvrage convena-
» ble à votre sexe. Soyez, le plus
» qu'il vous sera possible, séden-
» taires à vos maisons, & vous-
» vous rendrez beaucoup plus ai-
» mables que si vous étiez toutes
» chargées d'or. Revêtez-vous de la
» soye de la Probité, du fin lin
» de la Sainteté, de la pourpre
» de la Chasteté ; & je vous ré-
» ponds qu'avec ces Ajustemens
» & ces Parfums spirituels, vous
» aurez Dieu même pour ama-
» teur de votre beauté. : » *Vestite*
vos serico Probitatis, byssino Sancti-
tatis, purpurâ Pudiciiæ ; taliter

C 3

pigmentata, Deum habebitis ama-
torem.

S. Cyprien, qui appelloit Tertullien son Maître, a parlé comme
lui avec une très-grande force,
contre l'amour des Parures. (*De
Habitu Virgin. p.* 70 & 71.) « La
» pompe des Habits, dit-il, &
» tout ce qui sert à relever la
» beauté, n'est bon que pour les
» Femmes impudiques & prosti-
» tuées; & il n'y en a point qui
» ayent plus de soin de se parer,
» que celles qui en ont moins de
» conserver leur honneur. C'est
» ainsi que Dieu, pour notre in-
» struction, nous représente dans
» l'Ecriture, une Ville perdue de
» débauches, comme une Cour-
» tisanne, superbement vêtue, qui
» doit périr avec tous ses Orne-
» mens, ou plutôt à cause de ses
» Ornemens ». *Un des sept Anges,*
dit S. Jean, (*Apoc.* 17, ⁎. 1 *& suiv.*)
qui avoit les sept coupes, vint me
parler & me dit : Venez; je vous

montrerai la condamnation de la
grande Proſtituée, qui eſt aſſiſe ſur
la multitude des eaux, avec laquelle
les Rois de la terre ſe ſont corrom-
pus, & qui a enivré du vin de ſa
proſtitution les Habitans de la terre.
Alors il me porta en eſprit dans le
Déſert, & je vis une Femme aſſiſe
ſur une bête de couleur d'écarlate,
pleine de noms de blaſphêmes, qui
avoit ſept têtes & dix cornes. Cette
Femme étoit revêtue de pourpre &
d'écarlate, toute brillante d'or, de
pierres précieuſes & de perles, & elle
tenoit à la main, un vaſe d'or, plein
des abominations & des impuretés de
ſa proſtitution. S. Cyprien, après
avoir rapporté cet endroit de l'A-
pocalypſe, en tire cette conclu-
ſion : « Que les Filles chaſtes &
» pures ayent donc honte de s'ha-
» biller comme des Courtiſannes
» & des Femmes perdues ».

Ce S. Docteur, en condamnant
en général l'amour des Parures &
le luxe des Habits dans toutes ſor-

tes de personnes, le représente comme beaucoup plus criminel en celles qui, ayant eu le malheur de tomber dans de grands péchés, ont particulièrement besoin de pénitence, (*Tract. de Lapsis, p. 96.*) « Quoi, dit-il, tandis qu'on » déplait à Dieu, on tâche de » plaire aux hommes par de vains » ajustemens ? Cette femme-là » gémit-elle, qui peut bien penser » à s'habiller superbement, & qui » ne songe point qu'elle a perdu » J. C. dont elle étoit revêtue ; » qui se pare d'Ornemens précieux » & de riches Colliers, & qui ne » pleure point la perte qu'elle a faite » des Ornemens célestes & divins? » Vous avez beau vous charger » de Perles & de Diamans ; sans » les beautés de J. C. vous êtes » toute difforme. Quittez au moins » ces Vanités, pendant le tems de » la douleur & des larmes (c'est- » à-dire de la Pénitence.) Si vous » aviez perdu quelqu'un de vos

» amis, vous ne feriez que gémir
» & pleurer, vous changeriez vos
» Habits, vous ne prendriez aucun
» soin de votre corps; la tristesse
» seroit peinte sur votre visage,
» & vous donneriez des marques
» sensibles de votre affliction. Vous
» avez perdu votre âme, misérable
» que vous êtes; vous portez votre
» tombeau, vous survivez à vous-
» mêmes, & vous ne fondez pas
» en larmes; vous ne remplissez
» pas l'air de vos plaintes & de
» vos cris? Ne devriez-vous pas
» vous cacher, sinon par re-
» gret d'avoir commis tant de
» péchés, au moins par honte d'en
» être si peu touchée? Ce dernier
» crime est plus grand que le pre-
» mier, de ne vouloir pas satisfaire
» pour son crime, & de ne pas
» pleurer ses péchés ».

Il faut joindre à ces autorités
des Pères Latins, contre l'amour
des Parures, celles de S. Augustin, de S. Grégoire Pape, & de

C 5

S. Bernard, que j'ai rapportées plus haut fur les paffages de l'Ecriture, qui démontrent que l'amour des Parures & le luxe des Habits font condamnés par le Saint Efprit dans les Livres faints.

Je finirai cette Tradition des SS. Pères de l'Eglife Latine, par ce que dit S. Bernard, le dernier de tous, dans fon *Apologie*, à Guillaume, (*p.* 238, *n*° 26.) au commencement « Lorf-» que l'efprit eft vain, il marque » fa vanité fur le corps ; & la » fuperfluité extérieure dans les » Habits, eft un témoignage de » fa vanité intérieure. La moleffe » des Habits fait connoître la » moleffe de l'efprit. On n'auroit » pas tant de foin de parer le » corps, & on ne négligeroit pas » d'orner l'âme de Vertus ».

CHAPITRE IV.

Sentimens des SS. Pères de l'Eglise sur le Fard, & les couleurs empruntées.

S. CLÉMENT d'Alexandrie, (*l. 3, de Pedagog. p. 251.*) dit que, comme un homme à qui on a mis un cataplasme sur la main, ou un emplâtre sur les yeux, fait voir par-là qu'il a quelque mal à la main ou aux yeux ; ainsi le Fard & les Couleurs empruntées, font une marque évidente que l'âme est malade : *Quemadmodùm manui impositum cataplasma & inuncti oculi, vel ipso aspectu, præbent morbi suspicionem, ita Fuci picturæ & colores illiti animam intrinsecùs ægrotare significant.*

Tertullien, dans les deux Traités qu'il a composés sur les Ajustemens & les Parures des Femmes,

C 6

n'a eu garde de manquer à parler
contre ce qu'il y a de plus indigne de véritables Chrétiennes,
dans ce qu'elles font pour se
rendre plus agréables, je veux
dire l'usage qu'elles font du Fard
& des Couleurs empruntées.
(*l. 2, de Cultu Fæmin. c.* 5, 6 & 7.)
« Celles-là, dit-il, pêchent contre
» Dieu, qui se fardent le visage :
» *In illum (Deum) delinquunt quæ*
» *genas rubore maculant.* Car elles
» font voir par-là, que l'ouvrage
» de Dieu en elles, leur déplait,
» & qu'elles trouvent à redire
» à ce qu'a fait le grand Ouvrier
» de toutes choses. N'est-ce pas
» en effet y trouver à redire,
» que d'entreprendre de le corri-
» ger, en y ajoutant ce qu'elles
» reçoivent d'un autre Ouvrier
» son ennemi ? Cet Ouvrier, c'est
» le Démon ; car quel autre ap-
» prendroit à défigurer le corps,
» que celui qui, par le péché,
» a défiguré dans l'âme, l'image

» du Créateur? Cette application
» de Couleurs étrangères fur le
» vifage , eſt donc l'ouvrage du
» Diable » : *Ergò quod infingitur,*
Diaboli negotium eſt. « Combien
» eſt - il indigne de la qualité
» de Chrétienne , que celles à
» qui la fimplicité & la fincérité
» font tant recommandées, fe dé-
» guifent ainfi le vifage? Croyez-
» moi, mes chères Sœurs, com-
» ment garderez - vous les Com-
» mandemens de Dieu, ne voulant
» pas conferver les traits qu'il a
» imprimés fur votre vifage? ....
» Nous verrons fi, au jour de la
» réfurrection générale , vous
» reffufciterez avec ce Blanc, ce
» Rouge, & tout ce vain Orne-
» ment de vos têtes ; & fi les
» Anges enléveront avec eux, celles
» dont le vifage eſt ainfi peint ,
» pour les faire aller dans les airs,
» au-devant de J. C. Si ces chofes
» font bonnes & agréables à Dieu,
» elles fe trouveront auffi dans les

» corps, lorfqu'ils reffufciteront :
» mais certainement elles n'auront
» plus alors lieu, & par cela
» même, elles font condamnées
» dès-à-préfent. Abftenez-vous
» donc de ce que Dieu condamne
» aujourd'hui : *Damnatis hodiè*
» *abftinete.* Que Dieu vous voye
» telles maintenant, qu'il vous
» verra alors. *Hodiè vos Deus tales*
» *videat, quales tunc videbit* ».

S. Cyprien a employé, pour
condamner le Fard & les Couleurs
empruntées, les mêmes raifons
que Tertullien fon maître, (*De*
Habitu Virginum p. 71 & 72.)
« Ce font, dit-il, les Anges
» apoftats qui ont appris à mettre
» au vifage un Rouge trompeur :
» *Angeli apoftatæ genas, mendacio*
» *ruboris inficere docuerunt. . . .*
» Dieu dit, (*Gen. c.* 3, ℣. 26.)
» faifons l'homme à notre image
» & à notre reffemblance, & on
» a la hardieffe de changer &
» d'altérer ce que Dieu a fait.

» N'eſt-ce pas ſe révolter contre
» lui, que de vouloir réformer ce
» qu'il a formé ? ne conſidérant
» pas que les choſes telles qu'elles
» ſont naturellement, ſont l'Ou-
» vrage de Dieu, & que ce qui
» les change, eſt l'Ouvrage du
» Diable. Si un excellent Peintre
» ayant tiré le Portrait d'une
» Perſonne au naturel, & ayant
» parfaitement exprimé tous les
» traits de ſon viſage, un autre
» entreprenoit de mettre la main
» à ſon Tableau & de le corriger,
» vous jugeriez ſans doute qu'il
» lui feroit une grande injure, &
» que le premier auroit raiſon de
» s'en fâcher ; & cependant vous
» croyez pouvoir toucher à l'Ima-
» ge que Dieu a faite, ſans qu'il
» vous puniſſe d'une ſi grande
» témérité ? .... Ne craignez-vous
» point qu'au jour de la Réſurre-
» ction, votre Créateur ne vous
» reconnoiſſe plus ? & qu'il ne vou
» rejette, lorſque vous viendrez

» pour jouir de ses promesses &
» de ses récompenses? N'appréhen-
» dez-vous pas qu'il ne vous dise,
» d'une voix de Juge & de Con-
» feur : Ce n'est pas là mon Ou-
» vrage, ni notre Image; vous avez
» défiguré votre Visage ; c'en est
» un autre que celui que j'ai for-
» mé. C'est votre ennemi qui vous
» a fourni ce dont vous-vous êtes
» parée; vous brûlerez aussi avec
» lui. *De inimico tuo comta , cum*
» *illo pariter & arsura*. Ne font-ce
» pas là des vérités auxquelles
» des Servantes de Dieu doivent
» sérieusement penser, & ne font
» elles pas bien capables d'exciter
» en elles une crainte qui ne les
» quitte ni le jour ni la nuit? »
S. Jean Chrisostome, (*Hom* 30,
in Matth. n° 6, *tom.* 7, *p.* 355.)
après avoir proposé, comme S.
Pierre, l'exemple des Femmes les
plus illustres de l'ancien Testa-
ment, & dont il dit que les unes
étoient belles, & les autres diffor-

mes, ajoute que « Quoique Lïa,
» l'une des Femmes du Patriarche
» Jacob, fut difforme, puisque
» l'Ecriture dit qu'elle étoit in-
» commodée des yeux, & quoi-
» qu'elle fut moins aimée de son
» Mari que Rachel. (*Gen. c.* 29,
» ℣. 17 & 30.) Cependant elle
» n'eut jamais recours au Fard,
» ni à de semblables artifices ; &
» sans jamais emprunter ces cou-
» leurs étrangères, elle voulut
» demeurer telle qu'elle étoit,
» n'altérant en rien l'Ouvrage de
» Dieu & de la nature, quoi-
» qu'elle eut été élevée parmi des
» Infidéles. Mais vous, Femmes
» chrétiennes, qui avez reçu le
» don de la Foi, & qui avez J. C.
» pour chef, vous osez em-
» ployer ces artifices, dont le
» Démon est l'inventeur ! Vous
» ne vous souvenez donc plus de
» cette eau divine du Baptême,
» qui a lavé & consacré votre
» tête & votre visage ; de cette

» Chair du Sauveur, qui a sanctifié
» vos lévres, lorsque vous l'avez
» reçue dans l'Euchariftie, & de
» son Sang, dont votre langue a
» été empourprée ? Si vous n'aviez
» point oublié toutes ces faveurs,
» quelqu'attache que vous eussiez
» à tous les vains Ornemens, vous
» n'oseriez faire usage de cette
» Poudre, qui sert à vous farder.
» Considérez que vous avez J. C.
» pour Epoux, & que, ne devant
» désirer de plaire qu'à lui, vous
» ne devez avoir que de l'horreur
» pour ces Embélissemens si hon-
» teux. Car J. C. n'aime point
» ces Couleurs empruntées, mais
» il cherche une beauté bien dif-
» férente, qu'il aime beaucoup,
» je veux dire, la beauté de l'âme.
» C'est cette beauté que le Pro-
» phète ordonne de chercher,
» lorsqu'il dit, (*Pf.* 44, †. 13.)
» *Le Roi concevra de l'amour pour*
» *votre beauté.* Ne cherchez donc
» point ces beautés étudiées, aussi

» difformes devant Dieu, qu'elles
» font vaines. Il n'y a dans l'Ou-
» vrage de Dieu rien d'imparfait,
» qui demande que vous le corri-
» giez. Si quelqu'un entreprenoit
» de lui-même, d'ajouter à la
» Statue, ou à l'Image de l'Em-
» pereur, ce que le Sculpteur ou
» le Peintre n'y a pas mis,
» & qui la défigureroit, il ne
» le feroit pas impunément, & il
» fe mettroit dans un grand dan-
» ger d'encourir la difgrâce de
» l'Empereur, & de reffentir les
» effets de fa colère. Ce qu'on
» n'oferoit pas faire, par rapport
» à l'Image ou à la Statue de
» l'Empereur, quoiqu'elle n'ait été
» faite que par un homme, vous
» ofez le faire, par rapport à
» l'Image de Dieu, qui eft en
» vous, & dont il eft lui-même
» l'Auteur ! Vous ne penfez donc
» pas au feu de l'Enfer : vous ne
» penfez donc point à votre âme,
» que vous négligez horriblement,

» parce que tous vos foins fe tour-
» nent vers votre corps ».

S. Ambroife (*l.* 1 *des Vierges,*
t. 2. *p.* 153. *c.* 6. *n.* 18.) regarde
les Couleurs empruntées, que les
Femmes mettent à leurs vifages,
comme ne pouvant fervir qu'à
allumer dans les autres le feu des
paffions, & comme étant la fource
d'une infinité de crimes : *Hinc illa*
nafcuntur incentiva vitiorum ut quæ-
fitis Coloribus ora depingant. C'eft,
felon ce Père, une folie infigne
de changer les traits naturels de
fon vifage par les Couleurs qu'on
y met, parce que celles qui agif-
fent ainfi, prononcent contre
elles-mêmes un jugement rigoureux, en ce qu'elles femblent dire
qu'elles regardent comme défe-
ctueux en elles-mêmes, ce qu'elles
s'appliquent à y changer : *Prior*
enim de fe pronuntiat quæ cupit mu-
tare quod nata eft. En cherchant
donc, par les Couleurs empruntées, à plaire à d'autres, elles com-

mencent par fe déplaire à elles-mêmes : *Ità, dùm aliis ſtudet placere, priùs ſibi diſplicet.* « O Femme
» vaine ! quel juge plus véritable
» pouvons-nous chercher de vo-
» tre difformité que vous-même,
» qui craignez d'être vue dans
» votre état naturel : *Quem judi-*
» *cem, Mulier, veriorem requirimus*
» *difformitatis tuæ, quàm teipſam,*
» *quæ videri times ?* Si vous avez de
» la beauté, pourquoi vous ca-
» chez - vous ſous des Couleurs
» étrangères ? Si vous n'en avez
» pas, pourquoi affectez - vous
» d'avoir une beauté qui vous
» manque ? *Si pulchra es, quid*
» *abſconderis ? ſi deformis, cur te*
» *formoſam eſſe mentiris* » ?

Enfin S. Jérôme, dans ſa Lettre à Læta, femme de Toxocius, entre différentes régles qu'il lui preſcrit pour l'éducation de ſa fille Paule, lui donne celle - ci : « Donnez-vous bien de garde de
» mettre du Fard ſur un viſage

» confacré à Jéfus-Chrift, de peur
» que cette couleur ne devienne
» pour elle un préfage des feux
» de l'Enfer » : *Cave ne ceruffâ & pur-*
puriffo confecrata Chrifto , ora depin-
gas , & ei aliquid de gehennæ igni-
bus aufpiceris. (Lett. 57 à Læta,
tom. 4 , p. 593).

Ce que l'on vient d'entendre
dire aux SS. Pères de l'Eglife
contre le Fard & les Couleurs empruntées , fait voir fenfiblement
que l'ufage qu'un fi grand nombre
de perfonnes en font , eft auffi
contraire à la Religion qu'à la Raifon, & que, par cet ufage, on fe
rend très-coupable devant Dieu.

CHAPITRE V.

Décisions des Evéques & des Con-
ciles, contre le Luxe, l'Immo-
deſtie, la ſuperfluité & l'amour
des Parures.

DANS le Concile de Salisbourg,
tenu ſous le Pape Martin V. en
1420, (*chap.* 34, *Conc. du P.*
Labbe, tom. 12, *p.* 321). Les Pères de ce Concile parlent ainſi :
« Ayant été appellés de Dieu pour
» employer nos ſoins & notre ſol-
» licitude Paſtorale à bien gou-
» verner le Peuple de Dieu, en-
» ſorte que nous arrachions du
» milieu de lui les vices , & que
» nous y plantions les Vertus,
» nous devons en éloigner, autant
» qu'il nous ſera poſſible , tout
» ſcandale & tout mauvais exem-
» ple qui pourroit cauſer la perte
» des âmes. Or nous ſommes aver-

» tis, (ce que nous ne rapportons
» qu'avec douleur) par des plain-
» tes de plufieurs , & nous le
» voyons même de nos yeux,
» que, dans quelques endroits de
» cette Province , les Femmes
» s'habillent d'une manière immo-
» defte , & portent des habits
» fomptueux & trop recherchés ,
» qui les jettent dans une trop
» grande dépenfe ; Confidérant
» donc que , de ces vanités &
» d'autres femblables, il naît plu-
» fieurs fcandales & des maux
» fans nombre ; tels que font une
» grande diffipation de biens, des
» vols & des rapines , & la vue
» dangereufe des objets que les
» manières indécentes & immo-
» deftes de s'habiller préfentent
» aux yeux, dans les maifons par-
» ticulières , dans les Eglifes &
» dans d'autres lieux , & qui ne
» font capables que d'exciter à
» l'impureté ; Voulant prévenir &
» empêcher tous ces maux, comme

nous

» nous y fommes obligés, de l'ap-
» probation du facré Concile,
» nous prions & nous conjurons
» tous les Laïcs de notre Province,
» & néanmoins nous leur com-
» mandons, fous peine d'excom-
» munication, & en les menaçant
» de la rigueur du jugement de
» Dieu, s'ils ne nous obéiffent
» pas, d'avoir foin que leurs
» femmes, leurs filles & les au-
» tres perfonnes du fexe qui dé-
» pendent d'eux, s'habillent avec
» modeftie, en leur défendant d'a-
» voir rien de fuperflu dans leurs
» habits. Nous leur commandons
» encore, fous la même peine
» d'excommunication, d'obéir à
» leurs maris, lorfqu'ils voudront
» les contenir dans les juftes bor-
» nes où elles doivent fçavoir fe
» renfermer. Si elles ne fe ren-
» dent pas à ce que nous prefcri-
» vons, nous voulons que tous
» les Eccléfiaftiques de notre Dio-
» cèfe & de notre Province, qui

D

» ont la charge des âmes, les pri-
» vent de la Communion : « *Si secùs
fecerint, nostris Suffraganeis & aliis
Ecclesiasticis viris nostræ Diœcesis
& Provinciæ curæ animarum præexi-
stentibus, præcipimus rebelles mulieres
communione privare.*

Le Concile de Tours, tenu en
1583, s'éléve, comme celui de Salisbourg, contre les manières de
s'habiller trop recherchées & im-
modestes. Voici ses paroles (*chap.*
15, *tom.* 15, *p.* 1035) : « Comme
» il est indécent que des filles &
» des femmes mariées, oubliant
» la modestie qui convient parti-
» culièrement à leur sexe, mar-
» chent avec des cheveux frisés
» & la gorge découverte, nous
» leur défendons de paroître ainsi,
» sur-tout à l'Eglise ; car il est in-
» digne que l'on voie des femmes
» Chrétiennes, dont S. Paul dit
» qu'elles doivent être habillées
» selon les régles de la modestie &
» de la chasteté, & montrer par

» leurs bonnes œuvres, la piété
» dont elles font profeſſion, s'ha-
» billent comme des femmes dé-
» bauchées. Et ſi la manière de
» s'habiller, qui marque trop de
» moleſſe, eſt repréhenſible dans
» une femme Chrétienne, com-
» bien l'eſt - elle plus dans un
» homme, qui eſt le chef de la
» femme ? C'eſt pourquoi, con-
» formément au Décret du Con-
» cile de Conſtantinople, appellé
» *in Trullo*, nous déclarons ex-
» communiées toutes celles qui,
» par l'arrangement trop étudié
» de leurs cheveux, tendent
» aux âmes des filets & des
» piéges où elles vont ſe perdre.
» Et, afin que les hommes & les
» femmes n'ignorent pas ce que
» nous ordonnons à ce ſujet, nous
» voulons que les Curés dans
» leurs Prônes, & les autres Ecclé-
» ſiaſtiques dans leurs Inſtructions,
» parlent de temps en temps aux
» Fidéles de ce que nous ordon-

» nons à ce fujet, en employant
» même , s'il eft néceffaire, de
» fortes réprimandes contre ceux
» qui ne s'y conforment pas ; dut-
» on même fe plaindre qu'ils fe
» rendent importuns par ces ré-
» primandes fortes & fouvent ré-
» pétées ». *Nè verò prohibitio noftra*
tùm viros tùm mulieres lateat, hanc
illis per Parochos in fuis Pronis, &
Ecclefiaficos in fuis concionibus,
etiam cum dura & importuna, fi opus
fit, increpatione fignificari volumus
& intimari.

S. Charles, Archevêque de Mi-
lan, dans les Inftructions qu'il a
données aux Confeffeurs de fon
Diocèfe, pour fe bien acquitter
de leur Miniftère, n'a pas manqué d'en donner fur la conduite
qu'ils doivent tenir envers les perfonnes dont ils font chargés, par
rapport à leur manière de s'habiller. (*Act. Ecclef. Mediolan. part.*
4. pag. 652). « Parce que, dit-
» il, la Pompe & les Vanités du

» siécle sont montées aujourd'hui
» à un très-grand excès, principale-
» ment par la faute & la négligence
» des Confesseurs, qui donnent
» sans discrétion l'Absolution à
» ceux & celles qui sont en faute à
» ce sujet, & qui ne leur font sur
» cela, comme ils le devroient,
» aucune réprimande, nous expo-
» serons les cas où l'on a coutume
» de pécher par les Pompes du
» siécle & par les Parures, afin
» que les Confesseurs se condui-
» sent à l'égard de ces personnes,
» selon les Instructions que nous
» leur aurons données. On péche
» donc mortellement par l'amour
» & la recherche des Parures,
» lorsque par là on transgresse, &
» qu'on donne à d'autres occasion
» de transgresser quelque Comman-
» dement de Dieu ou de l'Églife,
» comme si on travaille & on fait
» travailler les Dimanches & les
» Fêtes ; si, par le temps qu'on
» employe à se parer, on manque

D 3

» d'affifter à la fainte Meffe, ou
» fi on eft caufe que d'autres y
» manquent; fi , dépenfant trop
» pour fes Habillemens , on ne
» donne point à ceux dont on eft
» chargé ce qui leur eft nécef-
» faire pour leur entretien & pour
» leur nourriture; fi ce qu'on dé-
» penfe en Parures, eft caufe qu'on
» ne fait pas les aumônes qu'on
» doit faire ; qu'on ne paye pas
» fes dettes ; qu'on en contracte
» de nouvelles ; qu'on n'établit
» pas fes filles dans le temps con-
» venable, d'où naiffent de grands
» inconvéniens. Dans tous ces cas,
» l'amour des Parures eft un pé-
» ché mortel : *In iis omnibus cafi-*
» *bus, Ornatuum ufus peccatum eft*
» *mortale.* Une femme péche en-
» core mortellement par la ma-
» nière de s'habiller, quoiqu'elle
» foit en état de faire les dépen-
» fes qu'elle fait pour cela , fi
» cette manière de s'habiller eft
» de nature à porter à l'impureté;

» si elle s'apperçoit que quelqu'un
» est excité par les Parures qu'elle
» porte, à concevoir pour elle un
» amour impur, ou si, ayant sujet
» de le craindre, elle y est si at-
» tachée, qu'elle se met peu en
» peine du salut de son prochain,
» dont elle peut causer la perte
» éternelle ». Que de filles & de
femmes sont dans quelqu'un de
ces cas, sans en avoir le moindre
scrupule, & sans que leurs Confesseurs leur donnent sur cela les
Instructions, & leur fassent les
remontrances & les réprimandes,
dont elles auroient besoin ! Que
ces personnes sont à plaindre,
d'avoir de tels Confesseurs, & que
ces Confesseurs sont coupables !

D 4

CHAPITRE VI.

L'amour & la recherche des vaines Parures, qui est un mal en tout temps & en toutes circonstances, en est un beaucoup plus grand, lorsqu'on vient dans les Eglises avec cet étalage de Vanité.

S. JEAN-CHRYSOSTÔME l'enseignoit à son Peuple dans une de ses Homélies sur l'Evangile de S. Matthieu. « Quand vous entrez
» dans l'Eglise, disoit-il, c'est
» alors, sur-tout, que vous de-
» vez éloigner de vous le Luxe
» & le Faste des habits. (*Hom.* 89,
» *in Matth. n° 4, tom. 7, p.* 837.)
» *Quandò in Ecclesiam intras, tùm*
» *maximè ipsum amoveri oportebat.*
» L'Eglise n'a pas été bâtie & con-
» sacrée, pour qu'on y fasse bril-
» ler l'or & l'argent dont les Ha-
» bits sont couverts, mais pour

» qu'on y porte & qu'on y fasse
» paroître les richesses spirituel-
» les de la Piété & de la Vertu.
» *Neque enim structa fuit Ecclesia, ut*
» *ibi has divitias ostentares, sed ut*
» *spirituales divitias exhiberes* ».

Le S. Docteur traite encore le
même sujet dans l'Homélie 28, sur
l'Epître aux Hébreux (*t.* 12, *p.* 266).
« Il n'est peut-être pas étonnant,
» dit-il, qu'on aille dans les Places
» publiques avec ces Parures toutes
» mondaines, & cet étalage de Va-
» nité ; mais qu'on vienne ainsi à
» l'Eglise, quoi de plus ridicule !
» *Aurea Ornamenta comparare foris*
» *non est fortassè mirum ; in Eccle-*
» *siam autem etiam eo Habitu orna-*
» *tam procedere, res est valdè ridicula.*
» Car pourquoi venir avec ces
» vains Ornemens dans un lieu où
» l'on doit entrer pour y enten-
» dre les Apôtres dire, dans leurs
» Epîtres dont on fait ici la lectu-
» re, que *les femmes ne doivent pas*
» *se parer avec de l'Or, des Perles*

D 5

» *précieuses & des Habits magnifi-*
» *ques.* Pourquoi donc, ô fem-
» mes, venez-vous ici avec toutes
» ces Parures ? Est-ce donc dans le
» dessein de disputer, pour ainsi
» dire, avec S. Paul, qui vous le
» défend ; & pour faire voir que,
» quand il répéteroit mille fois
» cette défense, vous ne voulez
» pas vous convertir ? Est-ce pour
» convaincre tout le monde, qu'é-
» tant chargés de vous instruire,
» vous êtes résolues à ne tenir
» aucun compte de nos Instru-
» ctions? Car, dites-moi, je vous
» prie, si un Payen & un Infidéle
» entre, comme par hazard, dans
» l'Eglise, au moment qu'on y lit
» les paroles du bienheureux Paul,
» dans lesquelles il défend aux fem-
» mes de se parer d'or & d'argent,
» & d'habits précieux ; & si ce
» Payen, ayant une femme fidéle,
» la voit rechercher & prendre
» ces Ornemens superflus & tout
» de vanité pour aller à l'Eglise,

» ne dira-t-il pas en lui-même :
» Que se propose ma femme ,
» que je vois ainsi dans sa
» chambre toute occupée à se bien
» parer ? Où veut-elle aller ? Si
» c'est à l'Eglise, pourquoi y va-t-
» elle ? Est-ce pour entendre ces
» paroles: *Ne vous revêtez pas d'Ha-*
» *bits magnifiques ?* Alors ne se met-
» tra-t-il pas à rire? Ne se répandra-
» t-il pas en railleries contre nos
» saintes Assemblées , & ne regar-
» dera-t-il pas ce qui s'y fait , com-
» me une moquerie & un jeu
» de Théâtre. C'est pourquoi je
» vous conseille, & je vous prie
» même de laisser toute cette
» vaine Pompe aux Comédiens &
» aux Comédienes , & aux Mar-
» chands qui en font trafic. Mais
» que l'image de Dieu ne soit
» point ainsi parée : *Quamobrem*
» *rogo & suadeo ut aurea Ornamenta*
» *Pompis dimittamus scenis & addi-*
» *tamentis quæ sunt in officinis ; Dei*
» *autem imago non his ornetur* ».

Ces Parures & ce Faste conviennent-ils à un criminel qui se présente devant son Juge; & c'est en nous considérant comme des criminels, que nous devons venir dans nos Églises, pour demander grâce, & obtenir que nous ne soyons pas condamnés à la mort éternelle, que nous avons méritée. La Foi doit nous faire voir Jésus-Christ sur nos Autels, anéanti dans le sein de la pauvreté & de l'humilité, puisqu'il n'y fait rien paroître de sa grandeur; & n'est-ce pas lui insulter dans cet état d'anéantissement, où il veut bien être encore sur la terre, dans le temps même qu'il jouit au Ciel de la gloire due au Fils unique de Dieu, & que ses humiliations lui ont méritée, que de venir au pied de nos Autels, avec cet attirail d'orgueil & cette montre de richesses, que beaucoup de personnes apportent dans nos saints Temples! Ne peut-

on pas penser & dire de ces personnes, qu'au lieu de venir pour
adorer Dieu ; leur dessein est plutôt d'y chercher en quelque sorte
des adorateurs, & d'attirer sur elles
l'attention & les respects qui ne
sont dûs qu'au souverain Seigneur.
C'est dans l'Eglise principalement
qu'on doit avoir le cœur pénétré
d'une sincère douleur de ses péchés , & percé d'une crainte salutaire de la justice de Dieu, qu'on
a irrité en les commettant ; &
peut-on croire que ces sentimens
soient bien gravés dans le cœur
des personnes qui, avant que d'y
venir , se parent avec tant d'art ,
de soin & de magnificence.

CHAPITRE VII.

Sentimens qu'il faut avoir sur la beauté du Corps.

COMME on ne cherche ordinairement les Parures, que pour relever la beauté du corps, ou pour suppléer à celle qui manque, les vérités que nous venons de repréfenter, femblent exiger qu'on s'applique à faire voir, & à tâcher de faire fentir que, non-feulement on ne doit point fe glorifier de la beauté du corps, mais même qu'il faut la méprifer, en la regardant comme très-dangereufe, & fouvent très-nuifible à la Vertu, & pour foi & pour les autres.

Le Saint-Efprit nous apprend ce qu'il faut en penfer, lorfqu'il dit, dans le Livre des Proverbes : (*chap.* 31, ℣. 30). *Les agrémens d'une femme font trompeurs & la beauté eft vaine. La femme qui craint le Seigneur eft celle qui fera louée.* Et encore (*ibid. c.* 11, ℣. 22). *La femme belle & infenfée eft comme un anneau d'or au mufeau d'une truye.* Cette femme qui, felon le Saint-Efprit eft belle & infenfée, eft celle dont la beauté n'eft pas relevée par la piété, la chafteté & la modeftie, & qui abufe de cette beauté, parce qu'elle en tire vanité, & qu'elle en eft moins chafte, Ce n'eft pas cette femme qui eft comparée par le Saint-Efprit à un anneau d'or, mais la beauté dont elle abufe. Le fond de cette comparaifon confifte en ce que, comme un anneau d'or ne convient pas au mufeau d'une truye, ni ne la pare pas, de même la beauté ne convient pas à une femme *infenfée*, c'eft-à-dire, qui n'a pas de Piété ; la beauté ne fied pas à cette femme, parce qu'elle ne lui fert

qu'à offenſer Dieu , & à le faire
offenſer par d'autres. L'anneau
d'or qu'une truye auroit au mu-
ſeau, ne l'empêcheroit pas de s'en
ſervir pour fouiller la terre , &
de ſe plonger dans la boue ; &
par là , elle ſaliroit cet anneau
d'or, & en terniroit l'éclat. De
même , une femme dans laquelle
la piété , la chaſteté & la modeſtie
ne ſont pas jointes à la beauté ,
ſe roule dans la boue des volup-
tés charnelles ; & par là , elle
déshonore la beauté , qui, dans
l'intention du Créateur , dont elle
eſt un don, ne doit ſervir aux
perſonnes auxquelles il l'a donnée , qu'à relever en elle l'éclat
de la Vertu , comme dans Judith ,
Eſther & les autres ſaintes femmes,
en qui elle eſt louée dans les divines Ecritures.

Les Pères de l'Egliſe ont ſouvent exhorté les perſonnes du
ſexe à ne point chercher à plaire
par leur beauté ; mais plutôt à la

méprifer, comme un don fouvent plus nuifible qu'utile. Tertullien établit ce principe, que le défir de plaire par la beauté, dont on fçait que la vue excite naturelle-ment les paffions, ne peut venir d'une confcience pure. (*L. de Cultu femin. c. 2, p.* 154). *Non de integra confcientia venit ftudium placendi per decorem, quem natura-liter invitatorem libidinis fcimus.* Il ajoute, en conféquence de ce prin-cipe, (*ibid. c. 3*) qu'où il y a une exacte chafteté, la beauté corpo-relle ne fert à rien ; fon ufage & fon effet trop ordinaire étant de faire tombér dans l'impureté : *Ubi pudicitia, ibi vacua pulchritudo; quia propriè ufus & fructus pulchritudinis, luxuria.* « Mais quoi, dira quel-» qu'un, continue Tertullien, » n'eft-il pas permis, en évitant » l'impureté, & gardant la cha-» fteté, d'aimer la gloire qui peut » revenir de la beauté & des au-» tres avantages du corps ? Que

» ceux , répond-il , qui croient
» pouvoir fe glorifier dans la
» chair, le faffent, s'ils le veu-
» lent. Pour nous, nous penfons
» que notre foin doit être de ne
» chercher en rien la gloire de ce
» monde , quelle qu'elle puiffe
» être , parce que l'amour d'une
» gloire humaine vient d'orgueil,
» & que l'orgueil eft contraire à
» l'efprit du Chriftianifme qui nous
» engage à être humbles, puifque
» Jéfus-Chrift nous en fait un
» commandement formel , en di-
» fant (*Matth. c.* 11 , ℣. 29) » :
*Apprenez de moi que je fuis doux
& humble de cœur. Exaltatio non
congruit profefforibus humilitatis ex
præfcriptis Dei.* « D'ailleurs, fi toute
» gloire qui vient des hommes eft
» vaine, felon cette parole que
» Dieu ordonna autrefois au Pro-
» phète Ifaïe de faire entendre
» bien haut, en lui difant : (*c.* 40,
» ℣. 6.) *Criez que toute chair n'eft
» que de l'herbe ; que toute fa gloire*

» eſt comme la fleur des champs ;
» Combien celle qu'on prétend ti-
» rer de la chair eſt-elle plus vaine?
» *Si omnis gloria vana , quantò*
» *magìs quæ in carne ?* S'il nous
» étoit permis de nous glorifier
» de quelque choſe, ce ne ſeroit
» pas des avantages du corps ,
» mais de ceux de l'eſprit & du
» cœur ; parce que nous ne de-
» vons rechercher que les choſes
» ſpirituelles : *Nam & ſi gloriandum*
» *eſt in ſpiritûs bonis, non in carne*
» *placere debemus ; quia ſpiritualium*
» *ſectatores ſumus.* Néanmoins un
» Chrétien pourra très - légitime-
» ment ſe glorifier dans ſa chair ;
» pourvû que ce ſoit quand elle
» ſera miſe en piéces pour la dé-
» fenſe de la foi de Jéſus - Chriſt ,
» afin que l'âme qui anime cette
» chair, ſoit couronnée : *Planè glo-*
» *riabitur Chriſtianus etiam in carne ;*
» *ſed cùm , propter Chriſtum, lacerata*
» *duraverit , ut ſpiritus in eâ coro-*
» *netur.*

Dans un autre Ouvrage, qui a pour titre: *De la néceffité de voiler les Vierges*, Tertullien avance cette propofition, que le défir d'attirer fur elles les regards des hommes, n'eft jamais chafte; & que ce défir eft inféparable de la complaifance que l'on a en la beauté du corps. (*De Veland. Virgin. c.* 14.) *Ipfa concupifcentia non latendi, non eft pudica. Patitur aliquid quod Virginis non fit, ftudium placendi, utique & viris.*

S. Cyprien donne pour raifon, de ne point fe glorifier de la beauté de fon corps; qu'il eft un ennemi qui nous livre les combats les plus grands & les plus dangereux. (*De Hab. Virgin. p.* 69.) *Neque fas eft de carne & de ejus pulchritudine gloriari, cùm nulla fit magìs quàm adversùs Spiritum colluctatio.* « S. Paul, continue ce » S. Docteur, crie d'une voix forte: » (*Gal. c.* 6, ℣. 14.) A Dieu ne » plaife que je me glorifie en autre

» chofe qu'en la Croix de J. C.
» & il fe trouvera encore dans
» l'Eglife, des perfonnes qui fe
» glorifieront de la beauté, & des
» autres avantages du corps?....
» Il ne fied à aucun Chrétien de
» faire état de la beauté du corps;
» il ne doit aimer que la parole
» de Dieu, & n'embraffer que
» des biens qui demeurent éter-
» nellement. *Neminem chriftianum*
» *decet claritatem ullam computare*
» *carnis & honorem; fed folùm ap-*
» *petere fermonem Dei, bona in*
» *æternum manfura* ».

La feule beauté, digne de notre eftime & de nos défirs, c'eft
la beauté fpirituelle de l'âme,
qui n'eft autre que la fainteté,
dont les différentes vertus font
comme les différens traits. Les
SS. Pères ont fouvent repréfenté
cette vérité aux perfonnes du
fexe, dont un grand nombre fait
trop d'eftime de la beauté qui
frappe les yeux.

S. Jean Chrisostome leur disoit: (*Hom.* 28, *in Epist. ad Hebr. t.* 12, *p.* 268.) « Voulez-vous être belles? » Je le veux bien aussi, pourvû » que ce soit de cette beauté dont » il est dit dans le Pf. 44. *Le Roi* » *aura de l'amour pour votre beauté.* » Dites-moi de qui voulez-vous » être aimée? Est-ce de Dieu ou » des Hommes? Si vous avez cette » beauté spirituelle dont je parle, » Dieu vous aimera. Mais au con- » traire, si vous ne l'avez pas, » Dieu vous aura en horreur, & » vous ne serez aimée que par des » pécheurs..... A qui pouvez- » vous comparer celle qui est ai- » mée de Dieu? C'est aux Anges » mêmes avec qui elle entre en » société, & ne forme que comme » un même cœur, parce qu'elle » imite leur pureté. Si dans le » siécle on reléve beaucoup le » bonheur d'une personne qui a » gagné le cœur du Roi, combien » est plus grand le bonheur de

» celle qui eſt aimée de Dieu
» même? Rien de ce qu'il y a ſur
» la terre de plus précieux, n'eſt
» digne d'elle. Cherchons donc
» cette beauté ſpirituelle qui fait
» arriver au Ciel, & qui introduit
» dans les Tabernacles éternels.
» Cette beauté eſt toujours floriſ-
» ſante, & vous n'avez point à
» craindre que rien l'altère. La
» vieilleſſe ne lui cauſe point de
» rides qui la défigurent; les plus
» grandes maladies ne lui ôtent
» rien de ſon éclat; les ſoins &
» les inquiétudes de l'eſprit ne la
» terniſſent point; en un mot,
» aucun accident de la vie ne peut
» lui nuire. Attachons-nous donc
» à elle, afin que, lorſque ce cri:
» *Voici l'Epoux qui vient*, ſe fera
» entendre, nous puiſſions aller
» au-devant de lui avec des lampes
» allumées, & que nous ſoyons
» jugés dignes d'entrer dans la ſalle
» du feſtin des nôces ».

Le même S. Jean Chryſoſtome,

parlant des personnes en qui la vertu n'est point jointe à la beauté, les compare à des sépulchres blanchis, qui au-dehors sont beaux, & qui au-dedans sont pleins de corruption. (*l. 1, ad Theodorum Lapsum, t. 1, p. 23*).

S. Ambroise s'est appliqué, comme S. Jean Chrysostome, à relever la beauté que la Vertu met dans l'âme; & il fait voir qu'elle est beaucoup au-dessus de celle du corps; en disant de cette beauté spirituelle, que l'âge ne l'efface pas; que la maladie ne l'altère pas; que la mort même ne peut l'ôter. Et il tire de-là cette conclusion : « Ne désirez pour témoin & pour » juge de votre beauté, que Dieu » qui aime les belles âmes dans » les corps les plus difformes ». (*Lib. de Virginib. chap. 6, n. 3. t. 2, p. 154.*) *Solus formæ arbiter petatur Deus, qui etiam in corpore minùs pulchro, diligit animas pulchriores.*

S.

S. Jerôme, dans une Lettre à la Vierge Démétriade, lui donne cet avis: « Une fille qui doit vous » paroître belle, aimable & digne » de votre compagnie, est celle » qui ne se pique point de beau- » té, qui, si elle en a, ne le sçait » pas, par le peu d'attention » qu'elle y fait, & qui néglige » tout ce qui sert à en relever » l'éclat ». (*Lett.* 97, *tom.* 4, *p.* 795.) *Illa tibi sit pulchra, illa amabilis, illa habenda inter socias, quæ se nescit esse pulchram, quæ negligit formæ bonum.*

On voit dans la Vie de plusieurs Saintes, que non-seulement elles n'ont point désiré de plaire par leur beauté ; mais qu'elles l'ont même craint, de peur que leur chasteté & celle des autres ne fût en péril. S. Ambroise (*de Virgin. l.* 1, *c.* 2, *n°* 9, *tom.* 2, *p.* 148.) rapporte de Ste Agnès, dont il raconte le Martyr (qu'elle souffrit, à l'âge de 12 ans) que s'appercevant qu'on la regardoit avec des yeux de concupiscence, elle s'écria : « C'est faire injure » au céleste Epoux, que de » chercher à plaire à quelqu'autre » qu'à lui ; *At illa : Hæc Sponsi* » *injuria est, expectare placitu-* » *rum.* Celui qui m'a choisi le pre- » mier, pour que je fusse son » épouse, aura la préférence sur » tout autre : *Qui me sibi prior ele-* » *git, accipiet.* Bourreau, pourquoi » differes-tu à me porter le dernier » coup ? *Quid, percussor, moraris ?* » Périsse un corps qui a pu plaire » à des yeux à qui je n'ai pas » dessein de plaire : *Pereat corpus* » *quod amari potest oculis quibus* » *nolo* ».

S. Isidore de Péluse, qui a été le plus sçavant & le plus célébre des Disciples de S. Jean-Chrysostome, raconte, dans une de ses Lettres, une Histoire qu'il qualifie de très-mémorable, & qu'il dit avoir ap-prise d'un homme très-digne de foi (*l. 2, Epiſt. Ep.* 52.) Un jeune homme, dit-il, fort porté à l'impureté, & eſclave de l'amour des femmes, ayant vu un jour une Vierge qui étoit très-belle, & ayant conçu pour elle une violente paſſion, tenta tous les moyens qu'il put imaginer pour la féduire. Cette Vierge, qui étoit d'une naiſſance illuſtre, réſiſta ſans le moindre délai & très-fermement à ſes follicitations, parce qu'elle étoit auſſi chaſte qu'elle étoit belle, & qu'elle avoit promis à Jéſus-Chriſt de ſe conſerver pour lui, entièrement pure d'eſprit & de corps. Voyant que la paſſion de ce jeune homme étoit ſi violente, qu'elle alloit juſqu'à la fureur (ce ſont les termes de S. Iſidore) elle imagina un moyen qu'elle crut propre à éteindre en lui le feu de la paſſion qui le dévoroit, & à conſerver en elle une chaſteté toujours inviolable. Ce moyen fut de ſe couper les cheveux, qui fai-

E 2

foient un de fes plus beaux ornemens, & même de fe rafer entièrement la tête ; enfuite elle délaya
de la cendre dans de l'eau, & elle
en couvrit fon vifage ; &, paroiffant en cet état devant ce jeune
homme, elle lui dit : « Eft-ce là ce
» que vous aimez ? » Il fut fi touché
de cet exemple, que, rentrant en
lui-même, non-feulement le feu
de la paffion qui le tranfportoit,
s'éteignit entièrement en lui, mais
qu'il fut même embrâfé de l'amour
le plus ardent pour la chafteté.
Ille verò, tanquàm ex furore revoca-
tus, non modò libidinis ignem ex-
tinxit, verùm etiam ingenti pofteà
caftitatis amore flagravit.

Si l'on n'exige pas de celles à
qui Dieu a donné de la beauté,
qu'elles fe défigurent ainfi ; du
moins doivent - elles fe croire
obligées à être très - indifférentes
fur les avantages corporels qui
les diftinguent de plufieurs autres;
à ne point s'en occuper en elles-

mêmes ; à n'entendre qu'avec peine les louanges ou les complimens
qu'ils peuvent leur attirer ; & fur-
tout à ne rien faire pour relever
l'éclat d'une beauté qui les expofe à de plus fréquentes & de
plus grandes tentations , & dont
le Démon ne fe fert que trop fouvent pour perdre un grand nombre d'âmes. C'eft ici le lieu de recommander particulièrement aux
perfonnes qui font profeffion de
Piété , de ne jamais prodiguer
leurs louanges pour des avantages
auffi frivoles que ceux du corps,
de peur que leurs difcours n'exci-
tent d'autres à les eftimer & à s'y
attacher.

CHAPITRE VIII.

Motifs pris du fond de la Religion, dont la considération est très-propre à inspirer le mépris des Parures, & à faire éviter le Luxe des Habits.

LE 1ᵉʳ Motif propre à porter au mépris des Parures, est l'origine du besoin que nous avons d'Habits. D'où vient ce besoin? Tout le monde sçait qu'Adam & Eve étoient nuds dans l'état d'innocence, & ne rougissoient point de leur nudité ; parce qu'alors tout en eux, étant l'ouvrage de Dieu, & par conséquent saint & pur, il n'y avoit rien dans leurs personnes dont ils eussent sujet de rougir. Mais, aussi-tôt qu'ils eurent péché, ils s'apperçurent de leur nudité, & en eurent honte ; parce que le péché fit entrer la concupiscence dans leur âme, & qu'en punition de leur révolte

contre Dieu, la chair ne fut plus
foumife à l'efprit, comme elle l'a-
voit été jufqu'alors. La néceffité
de porter des Habits eft donc un
témoignage toujours fubfiftant de
notre dégradation & de notre mi-
sère. Ils font la livrée du pécheur,
& comme de miférables haillons
qu'il a fallu que nous prenions,
dès que nous avons été dépouil-
lés par le démon du riche vêtement de l'innocence. Les Habits
que Dieu donna à Adam & à Eve,
après la perte de ce riche vêtement,
étoient faits de peaux de bêtes;
afin qu'ils fe fouvinffent qu'ayant
été créés à l'image de Dieu, ils
s'étoient rabaiffés volontairement
jufqu'à la condition des bêtes, en
recherchant, comme elles, les plaifirs des fens; au lieu que, peu auparavant, ils ne goûtoient que des
plaifirs tout fpirituels, qu'ils ne
cherchoient & ne pouvoient trouver qu'en Dieu. Qu'eft-ce donc
que mettre fa gloire dans fes Ha-

bits, sinon la mettre dans sa propre confusion? Pour éviter cet étrange renversement, dans quel esprit devons-nous prendre nos Vêtemens, chaque fois que nous-nous habillons? Nous devons les prendre dans le même esprit de confusion & de pénitence, dans lequel Adam & Ève reçurent les Habits de peaux, que Dieu leur donna, après leur péché.

C'est ce qui a fait dire à Tertullien, au commencement de son premier Livre sur l'*Habillement des femmes*, en adressant la parole à celles d'entr'elles qui sont attachées aux Parures : « Si l'on avoit » autant de Foi sur la terre, qu'on » attend de récompense dans le » Ciel, je suis persuadé, mes très- » chères Sœurs, que non-seule- » ment il n'y en auroit pas une » d'entre vous qui cherchât des » Habits précieux & éclatans ; » mais que chacune chercheroit » plutôt d'elle-même, & autant

» qu'elle le pourroit, les Habits les
» plus vils, ne penſant qu'à mon-
» trer en elle une Eve pénitente
» & affligée; afin d'expier par cet
» extérieur pénitent, & de répa-
» rer ce qu'elle a tiré d'Eve pé-
» chereſſe; je veux dire la honte
» d'avoir été la cauſe du premier
» péché qui a été commis dans le
» monde, & de la perte du genre
» humain. En effet les femmes
» éprouvent tous les jours ce que
» Dieu dit à la première d'entre
» elles, après lui avoir reproché ſa
» déſobéiſſance, (*Gen. chap.* 3,
» ℣. 16.) *Je vous affligerai de plu-*
» *ſieurs maux, pendant votre groſ-*
» *ſeſſe; vous ne mettrez des enfans*
» *au monde qu'avec douleur, & votre*
» *mari vous dominera.* Ne ſont-elles
» pas comme forcées, par ces pa-
» roles, de ſe reconnoître pour au-
» tant d'Eves? Quoi, femme vaine
» & mondaine, tu es comme la
» porte du démon, puiſque c'eſt
» par toi qu'il eſt entré dans le

E 5

» monde, pour y régner; tu as reçu
» de lui, pour notre perte, le fruit
» défendu; tu as la première aban-
» donné la loi de Dieu; tu as servi
» d'inftrument au démon, pour
» faire tomber celui qu'il n'avoit
» pas ofé attaquer directement;
» c'eft par toi, que, fans que tu
» lui ais fait une grande réfiftan-
» ce, il a effacé dans l'homme les
» beaux traits de l'image de Dieu,
» à laquelle il avoit été créé; c'eft
» ton péché qui a caufé la mort du
» Fils de Dieu, & tu penfes encore
» à te parer! *Adornari tibi in mente*
» *eft?*... Je ne crois pas que, quand
» même les vains Ornemens que les
» femmes recherchent aujourd'hui
» auroient été connus alors, Eve,
» chaffée du Paradis terreftre &
» condamnée à la mort, les eût
» défirés. Les femmes ne doivent
» pas non plus les défirer main-
» tenant, fi elles veulent faire re-
» vivre en elles Eve pénitente. *Er-*
» *go nec nunc appetere debet aut*

» *noſſe, ſi cupit revivifcere, quæ nec*
» *habuerat nec noverat, quandò vi-*
» *vebat* ».

Le 2e Motif propre à porter
au mépris des Parures, & à faire
éviter le luxe des Habits, eſt
que l'amour des Parures & le luxe
des Habits font un violement formel des vœux que nous avons
faits à notre Baptême ; puiſqu'en
y renonçant au démon , nous
avons auſſi renoncé à ſes pompes, qui font les maximes & les
Vanités du monde. Par une ſuite
de ce renoncement , un Chrétien
doit pratiquer ce que dit l'Apôtre
S. Jean (*1. c. 2, ℣. 15.*) : *N'aimez
point le monde, ni ce qui eſt dans
le monde ;* & l'attachement aux
vaines Parures n'eſt - il pas évidemment un effet & une ſuite de
l'amour du monde ; puiſqu'on n'y
eſt attaché, que pour lui plaire ,
pour s'y diſtinguer & s'en faire
aimer.

C'eſt donc, quoiqu'on puiſſe dire,

renoncer réellement à fon Baptême, que d'avoir cet empref-
fement, qu'ont beaucoup de
perfonnes, de fuivre les modes
que la Vanité a inventées & in-
vente tous les jours, & qu'elle
foutient. C'eft violer le pacte
qu'on a fait avec J. C. & fans
lequel on n'auroit jamais été reçu
dans fon l'Églife ; c'eft malheu-
fement quitter le parti de ce
Dieu Sauveur, qui a marché par
la voie de l'humilité, de la modeftie & de la mortification, pour
fuivre celui de fon ennemi qui
eft le démon ; que J. C. appelle
plufieurs fois le *Prince du monde,*
parce que c'eft lui à qui le monde
& ceux qui le fuivent, obéiffent.
Si on a quelque refte de Foi,
peut-on fe perfuader qu'on n'eft
pas coupable, en tenant une telle
conduite, & que des Miniftres
de J. C. & fur-tout des Pafteurs
& des Confeffeurs, qui font par
état chargés de faire obferver les

régles de l'Évangile, puiffent, fans être infidéles à leur minif- tère, laiffer les perfonnes qu'ils ont à conduire, violer, fi ouver- tement & fi tranquillement, les vœux de leur Baptême.

Le 3e Motif de n'aimer pas les Parures, eft que nous ne fom- mes ici bas que des Voyageurs & des Soldats enrôlés dans la mi- lice de J. C. pour combattre fans ceffe le Démon. S. Pierre parle de notre qualité de Voyageurs lorfqu'il dit : (I. *Ep. c. 2. ỳ. 11.*) *Je vous exhorte, mes bien-aimés, à vous abftenir, comme des Étrangers & des Voyageurs en ce monde, des défirs charnels, qui combattent contre l'âme.* Or on fçait qu'un Voya- geur ne fe charge, pendant fon voyage, que de ce qui lui eft abfolument néceffaire, afin de marcher plus facilement.

S. Paul nous engage, de fon côté, à nous confidérer toujours ici bas comme des foldats qui ont à soutenir une guerre continuelle, lorsqu'il écrit aux Éphésiens : (*chap.* 6, ℣. 12.) *Nous avons à combattre, non contre des hommes de chair & de sang ; mais contre les Principautés, contre les Puissances, contre les Princes du monde, contre les esprits de malice répandus dans l'air.* Le saint homme Job avoit dit, long-temps avant le grand Apôtre » (*chap.* 7, ℣. 1.) *La vie de l'homme sur la terre n'est-elle pas une guerre continuelle ?* Dans cette guerre continuelle des démons contre nous, ils en veulent, non à notre vie, ni à nos biens temporels, mais à notre âme, qu'ils s'efforcent de faire tomber dans le péché, afin de la rendre éternellement malheureuse avec eux. Or un Soldat qui ne penseroit qu'à se parer, & qui négligeroit d'observer les démarches de l'ennemi, & de se revêtir de toutes les armes propres à s'en rendre victorieux, ne seroit-il

pas bientôt vaincu. C'eſt ainſi que
le démon ſe rend facilement maître des perſonnes qui , toutes
occupées de leurs Parures, non-
ſeulement n'employent pas contre
lui, les armes ſpirituelles , que
S. Paul indique dans le chap. 6.
de ſon Épître aux Éphéſiens; &
dont les principales ſont la vigilance , la prière , la lecture &
la méditation de la parole de
Dieu : mais qui leur fourniſſent
même, par les Parures trop recherchées, des armes contre elles-
mêmes & contre d'autres.

Le 4e Motif qui doit détourner
de l'amour des Parures, eſt que
cet amour eſt contraire à toutes
les Vertus chrétiennes, & particulièrement à l'humilité & à l'eſprit de pénitence. En effet à
quoi porte l'humilité? Elle porte
à déſirer d'être inconnu au monde
& à être oublié ; & , au contraire,
ce n'eſt que pour ſe relever & ſe

faire remarquer qu'on cherche à fe
parer.

Quels fentimens l'efprit de pénitence infpire-t-il ? Il infpire une
fainte haine de foi-même, en
confidérant fes injuftices, fes
infidélités & fes ingratitudes envers Dieu ; l'amour des Parures au
contraire, n'a pour principe qu'un
attachement déréglé & exceffif
à fa propre perfonne. Un vrai
Pénitent gémit continuellement
au fouvenir de fes péchés ; il
les pleure ; il s'applique à mor-
tifier fon corps, pour le punir
d'avoir trop fouvent fervi d'inftrument au péché. Mais quels
gémiffemens peuvent fortir du
cœur d'une perfonne qui, toute
occupée du foin de parer fon
corps, & qui oubliant entièrement, ou prefque entièrement,
fon âme, n'en connoît pas, &
en fent encore moins les maux
ou les dangers. Lorfqu'on eft

animé de l'esprit de pénitence, bien loin de s'accorder jamais rien de superflu, on se réduit, autant qu'on peut, au plus simple & au plus étroit nécessaire ; & l'amour des Parures en fait rechercher de superflues. Quoi donc de plus opposé à l'esprit de pénitence ? Pour le mieux sentir, qu'on rapproche cette conduite de celle des anciens pénitens qui se couvroient de sacs, de cendre & de cilice, pour satisfaire à la justice de Dieu ; ce sont-là les marques & les Ornemens de la pénitence, & non pas les Parures du siécle.

Le 5ᵉ Motif de n'aimer point les Parures, est que cet amour fait perdre beaucoup de temps, par celui qu'on employe à se parer. Et qui a-t-il que nous ayons plus d'intérêt de ménager que le temps ; puisqu'il ne nous est donné que pour travailler à la plus importante de toutes les affaires, qui eſt celle du ſalut? Cependant on s'en joue ; on employe un temps conſidérable au ſeul arrangement de ſes cheveux ; &, par là, on prodigue la choſe la plus néceſſaire à la choſe la plus inutile. C'eſt ſur-tout à leurs Parures de tête, que les femmes & les filles mondaines donnent plus de temps, ne voulant pas qu'un cheveu paſſe l'autre ; eſpéce de Vanité que les motifs de Religion doivent engager les perſonnes du ſexe à éviter avec plus de ſoin ; parce que cette partie du corps, qu'on s'applique tant à orner, à été principalement conſacrée à Dieu & à la Modeſtie par les Onctions ſacrées & myſtérieuſes que tout le monde ſçait qui ſe font au Baptême & à la Confirmation. Ces Onctions ſe font ſur la tête, qui eſt le ſiége de tous les ſens, pour montrer qu'elle eſt totalement conſacrée aux actions de Prudence, de Sageſſe & de Sainteté ;

qu'il ne doit y avoir en nous rien de léger & d'humain; & que tout doit y être gouverné par l'esprit de la divine Sageſſe. En effet quoi de plus contraire à cette ſainte & auguſte conſécration, que la légèreté de ces femmes qui employent tout leur temps, tous leurs ſoins, & tout leur eſprit, à profaner leur tête par des Ornemens ſi peu conformes à la ſageſſe & à l'humilité de J. C., que ceux qu'elles affectent d'y porter ? Comment pourra-t-on remarquer, ſous ces vains Ornemens, le ſacré caractère du Chriſtianiſme, imprimé au Baptême, dans l'âme de ces perſonnes qui ſe diſent Chrétiennes, & qui, par l'immodeſtie de leurs coëffures, le paroiſſent ſi peu ?

Le 6e Motif de ne point aimer les Parures, eſt que cet amour empêche les femmes qui en ſont dominées, de remplir les devoirs de leur état, tel que le ſoin de

leurs enfans, & le gouvernement
de leur Maison, dont elle se re-
posent sur des Domestiques, pour
donner toute leur application au
soin de se parer. Lorsque le
Saint-Esprit fait, dans le Livre des
Proverbes (*c.* 31.) le portrait de
la Femme forte, digne de la
confiance de son mari, de ses
louanges, & de celles de ses
enfans, il la représente se levant
dès le matin, travaillant avec des
mains sages & ingénieuses ; se
faisant, par son travail, des meubles de tapisserie, & donnant à
ses Domestiques un double vêtement. Ne voit-on pas tout le
contraire dans les femmes dont
tout le soin est de se parer, &
d'aller ensuite étaler leur Vanité,
dans les cercles & les compagnies
du monde ? De telles femmes,
bien loin de procurer, comme
la Femme forte, le bien de leur
Maison, trop souvent la rui-
nent par leurs folles dépenses :

au lieu d'être la joie, la conso-
lation & le soutien de leur
mari & de leur famille, elles
leur sont extrêmement à charge.
Ce sont elles que le Prophête
Amos a voulu marquer par ce
langage figuré (*c.* 4, ℣. 1.)
Écoutez ceci, Vaches grasses, qui
opprimez les foibles par la vio-
lence ; qui réduisez les pauvres en
poudre, & qui dites à vos Seigneurs :
Apportez ; c'est-à-dire, qui con-
traignez en quelque sorte vos
maris par vos folles dépenses,
à chercher dans l'oppression des
pauvres, & par différentes in-
justices qu'ils commettent, de
quoi satisfaire votre Vanité &
votre Luxe.

Enfin, un 7ᵉ & dernier Motif
de ne point rechercher les vaines
Parures, que j'ai déjà insinué par
ce qui a été dit précédemment,
est, que celles qui les recherchent, tendent par ces Parures

des piéges aux âmes, en attirant
fur elles les regards des hommes, & fur-tout des jeunes-gens,
& que ces regards font pour
eux, une fource de tentations &
de mauvais défirs, auxquels ils
fuccombent trop fouvent. N'eft-ce
pas ce que le Saint-Efprit fait clairement entendre par cet avis,
qu'il donne dans le Livre de
l'Eccléfiaftique (*c*. 9, ℣. 8.)
Détournez vos yeux d'une femme
parée, & ne regardez pas curieufe-
ment une femme étrangère. On fçait
que J. C. a dit en général (*Matth.*
c. 5, ℣. 28.) *Quiconque regarde*
une femme avec un mauvais défir
pour elle, a déjà commis l'adultère
dans fon cœur. Mais le Saint-Efprit
dit en particulier, qu'il faut détourner fa vue d'une femme
parée, parce que fes Parures
font comme une amorce qui
attire à elle, & qui fait que le
cœur s'y porte & s'y attache plus

facilement. Or , si la vue des femmes parées est en elle-même si dangereuse, combien l'est elle infiniment plus , lorsqu'aux Parures trop recherchées , elles joignent encore le criminel usage, aujourd'hui si commun, de n'être pas aussi exactement couvertes , que la modestie l'exige. Il n'est pas bien-séant , dit S. Clément d'Alexandrie , qu'une femme paroisse découverte par aucune partie d'elle - même. (*L.* 2, *de Pedag. n.* 238.) *Nullam partem fœminæ nudari decorum est.* Hélas ! souvent la vue des personnes mêmes les plus modestes, dans leur contenance & dans leur manière de s'habiller , est capable d'exciter dans ceux qui les voyent, des désirs criminels, s'ils les regardent trop attentivement ; que ne peut donc pas la vue de celles qui font voir en elles, ce que la modestie doit tenir très - exactement couvert

& caché, & qui cherchent à plaire par des Parures trop recherchées ! J. C. dit : (*Matth. cap.* 18, ⊽. 6.) *Si quelqu'un est un sujet de scandale & de chûte, à un de ces petits qui croyent en moi, il vaudroit mieux pour lui qu'on lui pendît au cou une meule de moulin, & qu'on le jettât au fond de la mer.* Comme c'est un grand honneur pour une Créature, que Dieu la rende l'instrument du salut des autres ; c'est aussi le souverain déshonneur que de servir d'instrument au démon, pour perdre les âmes. C'est se lier avec lui, & par conséquent s'engager aux supplices qui lui sont destinés. Cependant, pour combien d'âmes, un grand nombre de femmes & de filles, sont-elles un sujet de chûte & de scandale, par la vanité & l'immodestie de leurs Habillemens ? Peut-on en douter, quand on fait la plus légère attention, à quelles

personnes

perſonnes du Sexe, les jeunes-
gens ſur-tout, s'attachent davan-
tage ; à qui ils tiennent les diſ-
cours les plus licencieux ; & avec
qui ils ſont plus portés à prendre
des libertés criminelles ? Ne ſont-
ce pas à celles qui ſont parées avec
plus d'art, & qui ſont le plus
immodeſtement habillées ? Quoi !
la vue d'un tableau ou d'une ſta-
tue immodeſte, eſt capable de
faire les plus funeſtes impreſſions
ſur ceux qui y arrêtent trop les
yeux ; & l'on n'aura pas la bonne
foi de convenir que rien n'eſt
plus capable de donner des mauvaiſes penſées, d'inſpirer de mauvais déſirs, & de porter au péché,
que la vue d'une perſonne qui
n'obſerve pas, dans la manière
de s'habiller, les régles les plus
exactes & les plus ſévères de la
modeſtie ? Fermer ainſi volontairement les yeux à la lumière de
la Vérité, c'eſt viſiblement s'ex-
poſer à être condamné au tribu-

F

nal de cette fainte Vérité, lorfqu'elle viendra juger tous les
hommes, & rendre à chacun felon fes œuvres.

Les SS. Docteurs de l'Églife
n'ont pas manqué d'employer
cette confidération des fujets de
fcandale & de chûte qu'on donne
aux âmes, par la Vanité des Parures, & l'immodeftie dans la manière de s'habiller, pour en détourner les Perfonnes du fexe.

S. Cyprien, (*De habitu Virgin.*
p. 70.) leur dit en termes exprès :
« Si vous vous coëffez fuperbe-
» ment ; fi, paroiffant ainfi en
» public, vous attirez les regards
» & les foupirs de jeunes-gens ;
» & fi vous allumez en eux le feu
» de la concupifcence, vous êtes
» pour leur âme, plus dange-
» reufe que le fer & le poifon
» ne le feroient pour leur corps.
» *Velut gladium & venenum te vi-*
» *dentibus præbes.* Et ainfi vous
» ne pouvez vous excufer en

» aucune forte, & vous ne devez
» pas croire que vous ayez l'ef-
» prit & le cœur purs, puifque
» vos Ornemens lafcifs & impu-
» diques, vous convainquent du
» contraire : *Excufari non potes,*
» *quafi mente cafta fis & pudica ;*
» *redarguit te Cultus improbus, & im-*
» *pudicus Ornatus.*»

S. Jean - Chryfoftome décide, auffi clairement & auffi fortement que S. Cyprien, que les perfon- nes du fexe, qui, par des Parures trop recherchées, attirent fur elles les regards des hommes, font les meurtrières des âmes, & qu'à caufe des homicides fpirituels qu'elles fe mettent en danger de commet- tre, elles feront un jour con- damnées aux plus rigoureux fup- plices, quand même elles n'au- roient fait tomber perfonne dans le péché. (*Hom.* 17 , *in Matth.* *tom.* 7, *p.* 225.) *Si qua ita fe exor-* *nat, ut omnium oculos ad fe con-* *vertat; etiamfi nullum obvium con-*

F 2

foderit , extremas dabit pœnas. Ce saint Docteur prouve la vérité de sa décision, en ajoutant : » Elles ont » préparé le poison ; elles l'ont » composé ; elles n'avoient plus » qu'à le présenter à boire : ou » plutôt elles l'ont offert, quoi- » que personne ne se soit pré- » senté pour le prendre ». *Pharmacum enim apparavit, & virus composuit ; & si nemini poculum porrexerit ; imò porrexit , etsi nemo qui biberet, accesserit.*

Ce Saint parle encore ailleurs, avec plus d'étendue, contre les personnes du sexe, qui, par leur faute, font pour les hommes une occasion de péché. C'est dans un Traité qu'il a composé contre plusieurs Vierges de son temps , qui vivoient familièrement avec des hommes qu'elles recevoient chez elles , & qui y passoient toutes les journées, sous prétexte d'avoir besoin d'eux, pour le service de leur maison. Ce Traité a pour titre :

Les Femmes Régulières (c'eſt-à-dire, les Perſonnes du ſexe qui ſe ſont conſacrées à Dieu par la Virginité) *ne doivent point habiter avec les hommes.* Après que ce Saint a fait remarquer à ces Vierges, que, quoiqu'elles ne s'abandonnent pas à ces hommes par l'action extérieure du crime, elles ſont toujours très-coupables dans leur âme & devant Dieu, d'être pour eux une occaſion de tentation & de péché, par les mauvais déſirs qu'il eſt comme impoſſible qu'une manière ſi familière de vivre enſemble, ne produiſe point. Outre le danger auquel s'expoſoient ces Vierges, qui avoient ſi fréquemment & ſi long-temps dans leur maiſon des hommes ; elles s'habilloient encore d'une manière très-mondaine ; &, par là, très-oppoſée à la ſainteté de leur état. Et c'eſt ſur cela que S. Jean-Chryſoſtome leur dit (*tom.* I , *p.* 250.) « Comment pouvez-vous préten-

» dre être exemptes de péché,
» lorsque vous en occasionnez dans
» le cœur d'un autre ? Vous ren-
» dez celui que vous tentez par
» votre Habit, coupable du cri-
» me de fornication ; comment
» pouvez-vous donc vous exem-
» pter du même crime ; puisque
» c'est vous qui le produisez ? La
» passion dont il est animé, est vo-
» tre ouvrage. Or n'est-il pas cer-
» tain que celle qui rend un autre
» adultère, ne peut pas éviter d'être
» punie elle - même ? C'est vous
» qui avez aiguisé l'épée dont il se
» perce le cœur. C'est vous qui en
» avez armé sa main ; c'est vous
» qui avez poussé cette main &
» cette épée contre lui; &, après
» cela, vous prétendez ne devoir
» pas être punie comme une ho-
» micide ? Dites - moi, je vous
» prie, qui sont ceux qui doivent
» être l'objet de la haine & de
» l'exécration des hommes ? Qui
» sont ceux contre lesquels les Lé-

» giſlateurs & les Juges doivent
» exercer leur ſévérité ? Sont-ce
» ceux qui avalent le poiſon, ou
» ceux qui le préparent, & dont
» le malheureux artifice eſt cauſe
» de la mort des autres? N'a-t-on
» pas au contraire, quelque com-
» paſſion pour les premiers, au
» lieu qu'on condamne les der-
» niers tout d'une voix. En vain
» ceux qui auroient préparé un
» breuvage empoiſonné, allégue-
» roient-ils pour leur défenſe,
» qu'ils ne ſe ſont pas donné là
» mort à eux-mêmes ; mais qu'ils
» l'ont ſeulement cauſée à d'au-
» tres. Car c'eſt pour cela même
» qu'on croiroit être en droit de
» les punir plus ſévèrement. Com-
» ment donc, miſérable femme
» que vous êtes, après avoir vous-
» même préparé le breuvage mor-
» tel, après l'avoir préſenté vous-
» même, après qu'il a été bu &
» qu'il a cauſé la mort ; comment
» prétendez-vous pouvoir vous

F 4

» défendre par cette raison que
» ce n'eſt pas vous qui avez bu
» ce poiſon, mais que vous l'avez
» fait boire à d'autres. Ne dou-
» tez pas que vous ne ſoyez d'au-
» tant plus ſévèrement punie,
» que ces empoiſonnemens, dont
» nous parlons, & que la mort que
» vous cauſez par eux, ſont bien
» d'une autre conſéquence que les
» empoiſonnemens & les meurtres
» ordinaires. Car ce n'eſt pas à des
» corps que vous donnez la mort,
» mais à des âmes. Ce qui engage les
» autres homicides dans le crime,
» eſt ſouvent, ou un tranſport de
» colère & de paſſion, ou le be-
» ſoin qu'ils ont d'argent ; mais
» vous ne pouvez alléguer ces
» excuſes, qui n'en ſont point,
» pour diminuer le crime de l'ho-
» micide ſpirituel que vous com-
» mettez. Ceux que vous tuez ne
» ſont pas vos ennemis ; ils ne
» vous ont fait aucun tort ; ce
» n'eſt point l'intérêt & le beſoin

» qui vous pouffe; c'eft une pure
» Vanité qui fait que vous vous
» jouez des âmes de vos frères,
» & que vous faites votre diver-
» tiffement de leur mort fpiri-
» tuelle. *Ob folam vanam gloriam,*
» *in alienis luditis animabus ; ex*
» *aliorum morte voluptatem propriam*
» *conftituitis.* »

L'Apôtre S. Jean nous dit (I. *Ep.*
c. 3, ℣. 16.) *Que, J. C. ayant*
donné fa vie pour nous, nous devons
auffi donner notre vie pour nos Frères,
étant difpofés à nous facrifier, s'il
le faut, pour leur falut. Mais combien eft-on éloigné de cette difpofition de charité, quand on ne
craint point d'être le meurtrier
de fon âme ? Et quel crime devant Dieu de faire mourir des
âmes que J. C. a rachetées au
prix de fon Sang, & qui par-là
lui ont coûté fi cher.

Si, felon ce qui vient d'être
dit, il eft contre tous les principes de la Religion, & de la

bonne Morale, d'aimer ou de rechercher les Parures, la conduite
des perſonnes âgées qui les recherchent, pour paroître plus jeunes
qu'elles ne ſont, n'eſt pas moins
contraire à la droite & ſaine raiſon. Tertullien en a montré le ridicule par ces paroles. (*De Cultu
Femin. c.* 6.) « Quelle témérité
» & quelle déraiſon de rougir d'un
» âge auquel on a déſiré d'ar-
» river, & de regretter une jeu-
» neſſe qu'on a peut-être ſouillée
» de beaucoup de crimes, & où
» l'on a du moins trouvé un grand
» nombre d'occaſions d'en com-
» mettre ! *Proh temeritas ! erubeſcit*
» *ætas exoptata votis ; adoleſcentia*
» *in quâ deliquimus, ſuſpiratur ; oc-*
» *caſio pravitatis interpolatur.* Que
» les filles de la Sageſſe, c'eſt-
» à-dire, celles qui ſont vérita-
» blement chrétiennes, ſoient
» bien éloignées d'une ſi grande
» folie ! *Abſit Sapientiæ filiabus,*
» *ſtultitia tanta !* C'eſt une plai-

» fante jeuneffe que celle qu'on
» prétend fe procurer, en chan-
» geant la couleur blanche de
» fes cheveux, qui eft un figne
» de vieilleffe, par des poudres
» qui leur donnent une autre cou-
» leur. La jeuneffe que nous de-
» vons rechercher, eft celle que
» la glorieufe Réfurrection don-
» nera à nos corps, en les revê-
» tant d'incorruptibilité & d'im-
» mortalité. Combien celles - là
» font éloignées de fe hâter d'aller
» au Seigneur, & de défirer de
» fortir de ce fiécle très-méchant,
» qui regardent comme une honte
» pour elles, & comme une diffor-
» mité d'approcher de la fin de
» leur vie !

En m'entendant parler avec force, après les SS. Pères, contre la Vanité & le Luxe des femmes dans leurs Habits; qu'on ne croye pas que je ne fois pas touché de voir ce même Luxe & cette même Vanité dans beaucoup d'hommes, comme dans les femmes, & sur-tout dans les jeunes gens. En effet la manière ridicule dont ils élévent & font monter leurs cheveux, ne suit-elle pas de trop près celle dont les coëffures des femmes sont montées & élevées. Ne voit-on pas dans leur contenance, dans leur marcher & dans leurs Habits, la même affectation de paroître, & la même molesse qui se fait remarquer dans beaucoup de femmes? Et cette affectation n'est-elle pas d'autant plus répréhensible, qu'il semble qu'il devroit y avoir en eux plus de solidité par rapport à la manière de penser & d'agir, que dans les femmes? Les gens sensés le remarquent & s'en plaignent; mais le mauvais goût de notre siécle, sa frivolité plus grande qu'elle n'a jamais été, ont prévalu sur bien des hommes, & les emportent dans des excès contraires à la Raison, & indignes de leur sexe.

CHAPITRE IX.

Réponses aux principales raisons, ou plutôt aux principaux prétextes qu'on allegue pour couvrir & excuser son amour pour les Parures & le Luxe des Habits.

PREMIER prétexte. On le trouve dans Tertullien, déjà allégué par plusieurs femmes de son temps. (*l. 1. de Cultu Femin. c.* 8.)

» Tout ce qui sert à la magnifi-
» cence des Habits, disent-elles,
» n'a-t-il pas été créé de Dieu,
» & est-ce un mal que de faire
» usage de ce qu'il a créé?

» Oui, repond Tertullien,
» ce qui forme les Parures a
» été créé de Dieu ; mais il s'en
» faut beaucoup que la ma-
» nière dont on en use vienne
» de lui & de son esprit, comme
» les choses dont on abuse en
» viennent. *Si materiæ ex Deo*

» *funt ; non ſtatìm & hujuſmodi*
» *fructus illarum.* Les choſes qui
» ſervent aux Spectacles profanes
» & à l'Idolâtrie, viennent de
» Dieu ; c'eſt Dieu qui eſt le
» Créateur de l'encens qu'on brûle
» en l'honneur des Idoles ; c'eſt
» lui qui eſt le Créateur des
» animaux qu'on leur offre en
» ſacrifice, du feu qui conſume
» ces victimes impies ; l'Idolâ-
» trie & les Spectacles en font-
» ils pour cela plus permis ?
» Eſt - il permis de chanter de
» mauvaiſes chanſons, parce que
» c'eſt Dieu qui a donné la voix
» avec laquelle on les chante ?
» Ce n'eſt donc point tant à la na-
» ture des choſes, dont on uſe ,
» qu'à la manière dont on en uſe ,
» qu'il faut faire ici attention. Ce
» qui forme la magnificence des
» Habits eſt bon en ſoi, puiſqu'il
» eſt l'ouvrage du Créateur ; mais
» s'y permettre autant de ſuper-
» fluités, que nombre de perſonnes

» s'en permettent, & y chercher
» sa propre gloire, cela est très-
» mauvais, parce qu'il a pour
» principe l'orgueil & l'amour du
» monde, qui ne viennent pas
» de Dieu. » J'ai déjà remarqué,
qu'il est des personnes dont l'é-
tat & la condition demandent
qu'elles aient des Habits ou des
Meubles magnifiques ; c'est pour
ces personnes que Dieu a créé
ce qui fait cette magnificence.

Aussi S. Augustin, dont le zèle
n'étoit pas moins éclairé & prudent, qu'il étoit ardent; écrivoit
à l'Évêque Possidius son disciple,
& l'Auteur de sa vie (*Lett.* 245,
n° 1.) « Je ne voudrois pas que
» vous allassiez si vite à défendre
» toutes les Parures d'or & d'É-
» toffes précieuses, si ce n'est à
» ceux qui, n'étant point mariés,
» ou ne pensant point à l'être,
» ne doivent songer qu'à plaire à
» Dieu. » Ce n'est que pour les
personnes d'un état distingué,

que S. Augustin donne cet avis
à Possidius. Mais combien y en
a-t-il aujourd'hui qui portent des
Habits beaucoup plus beaux &
plus riches que leur condition ne
le demande ? Aussi les personnes
sensées se plaignent-elles de voir
toutes les conditions confondues
à cet égard ; on s'habille, non selon sa condition, mais selon qu'on
est riche. Souvent même on fait
pour cela des dépenses qu'on
n'est pas en état de supporter,
& en conséquence on s'endette ;
& , pour satisfaire sa Vanité, on se
prive soi & sa famille, des choses
les plus nécessaires. N'est-ce pas-là
évidemment un renversement de
tout ordre , & aller contre les
intentions du Créateur , de qui
vient tout ce qui fait la magnificence des Habits & des meubles ?

Second prétexte. Plusieurs femmes allèguent, pour couvrir leur
amour pour les Parures ; qu'elles

les cherchent pour plaire à leurs maris.

Il est certain que les Femmes doivent avoir sur cela quelqu'égard à la volonté de leurs maris. Rien n'est plus sage que la réprimande que S. Augustin fait, dans une de ses Lettres, à une femme nommée *Ecdicia*, pour avoir changé, sans le consentement de son mari, la manière dont les femmes de sa condition pouvoient s'habiller, pour prendre un Habit de veuve. (*Lett.* 242, *n°* 9.) L'Ecriture, selon ce Père, dit bien, (I. *Ep. Tim. c.* 2, ℣. 9.) « Qu'il faut que les femmes » soient habillées modestement. » Elle condamne les Parures d'or, » la frisure des cheveux, & les » autres choses par où les femmes » ne cherchent qu'à satisfaire leur » Vanité, ou à relever leur beau- » té. Mais cela, ajoute ce Père, » n'empêche pas qu'il n'y ait une » manière de s'habiller, propre à

» chaque état , & que les femmes
» qui ont encore leurs maris, ne
» se mettent autrement que les
» veuves. Et ces différences peu-
» vent s'observer sans aller
» contre ce que les régles du
» Christianisme nous prescrivent.
» Si donc votre mari ne trouvoit
» pas bon que vous changeassiez
» votre manière ordinaire de vous
» habiller , & que vous voulussiez
» faire la veuve avant qu'il fût
» mort, vous ne deviez pas vous
» opiniâtrer sur cela , jusqu'à le
» scandaliser , & à vous brouiller
» avec lui. Le retranchement que
» vous avez voulu faire dans vos
» Habits, n'étant pas un bien , &
» la désobéissance étant très-cer-
» tainement un mal, vous auriez
» mieux fait de chercher à plaire
» à votre mari, par la candeur
» & la simplicité de vos mœurs,
» que de le mécontenter par la
» noirceur de vos Habits. Il n'y
» a rien de plus déraisonnable ,

» que de s'élever contre son mari,
» fous prétexte de conferver l'hu-
» milité apparente d'un Habit mo-
» defte. Si vous aimiez à être
» habillée comme les perfonnes
» confacrées à Dieu, il falloit
» obtenir la permiffion de votre
» mari, à force de complaifances
» & de prieres, & non-pas pren-
» dre d'autorité, cette forte d'Ha-
» billement, fans fa permiffion,
» & contre fon gré. Et, quand
» même il ne vous auroit pas
» voulu permettre de le prendre,
» vos bons deffeins en auroient-
» ils foufferts ? Et pouvez-vous
» vous imaginer que Dieu eût
» trouvé mauvais que, votre mari
» vivant, vous euffiez été ha-
» billée comme la chafte Suzanne,
» plutôt que comme Anne la Pro-
» phéteffe ? . . . Quand il vous au-
» roit forcé, par quelques mauvais
» traitemens, à paffer les bornes
» de la fimplicité chrétienne, rien
» ne vous auroit empêchée de

» conserver un cœur humble
» sous des Habits superbes &
» magnifiques. »

Selon cette décision si sage de
S. Augustin, il est donc des cas
dans lesquels une femme doit cé-
der à la volonté de son mari,
pour porter des Habits plus riches, & plus éclatans qu'elle ne
le souhaiteroit. Mais il n'est pas
moins vrai, qu'il y a beaucoup
de femmes qui recherchent ces
Habits, plutôt pour plaire au
monde, & se complaire à elles-
mêmes, que pour obéir à leurs maris, qui se trouvent souvent trop
incommodés des grandes dépenses
dans lesquelles la vanité de leurs
femmes les jettent, ou, dont la
jalousie, source de troubles & de
division dans les mariages, est
souvent excitée par le trop grand
désir qu'ils remarquent, que leurs
femmes ont de plaire par leurs
Ajustemens à ceux qui les voyent.
Que celles donc qui cherchent

dans la volonté de leurs maris, à excuser leur amour trop réel & trop grand pour les Parures, écoutent avec la plus grande attention cet avis que S. Jean Chryfoftôme donnoit aux femmes de fon temps, qui couvroient leur amour pour la vanité, fous une pareille excufe. (*Hom.* 28, *in Epift. ad Hebr. n°* 6, *tit.* 12, *p.* 267.) « Si vous voulez plaire » à votre mari, j'ai à vous in- » diquer, pour y réuffir, d'autres » moyens beaucoup plus fûrs » que celui des Parures ; foyez à » fon égard douce, patiente, pré- » venante & honnête, & vous le » gagnerez, quelque mauvais pen- » chant qu'il puiffe avoir. Ces » vertus l'attireront ; &, quand il » vous verra éloignée du Fafte & » des dépenfes fuperflues, hum- » ble & foumife, il ne pourra » s'empêcher d'avoir de la confi- » dération & de l'amour pour » vous. Si votre mari n'eft pas

» chaste, toutes vos Parures ne
» lui inspireront point la chasteté ;
» j'en prends à témoins les fem-
» mes qui ont le malheur d'avoir de
» semblables maris ; elles sont en
» état de vous dire que, de quelque
» manière que vous vous pariez,
» si votre mari est dominé par
» l'impureté, vous ne l'empêche-
» rez pas d'aller trouver une autre
» femme. Si, au contraire, il est
» chaste, ce n'est point par ces
» vains Ajustemens que vous lui
» plairez ; mais par une manière de
» vous habiller toute opposée. Il
» sera affligé de vous voir tant de
» goût pour ces vaines Parures, &
» tant d'amour pour le monde, à
» qui vous cherchez à plaire. Vous
» pourrez même lui faire naître
» par-là des soupçons désavan-
» tageux sur vous ; & quand sa
» modération & sa douceur l'em-
» pêcheroient de vous en parler,
» il ne vous en condamnera pas
» moins au-dedans de lui-même ;

» & il ne pourra entièrement se
» défendre de la jalousie, qui lui
» ôtera tous les agrémens de la
» vie, & lui fera passer ses jours
» dans l'amertume. »

Enfin, si un mari, plein de vanité, exige de sa femme, quelque chose qui soit ouvertement incompatible avec l'observation des divins Commandemens, avec la piété & avec la modestie, cette femme doit comprendre qu'un semblable mari est pour elle devant Dieu, une fort mauvaise caution, & elle doit lui répondre, avec douceur & avec respect, mais avec fermeté, ce que répondirent autrefois les Apôtres aux Princes des Prêtres & aux Sénateurs Juifs, lorsqu'ils leur défendirent de prêcher au nom de J. C. *Il faut obéir à Dieu, plutôt qu'aux hommes.* (*Act.* 5. ⅴ. 29.)

Troisiéme Prétexte. On dit qu'on ne pense point au mal,

& qu'on n'a aucune mauvaise
intention de le faire, ni d'y porter les autres. S. François de
Sales, dans le 3ᵉ Livre de son
Introduction à la vie dévote, ch. 9,
qui a pour titre : *de la Bienséance
des Habits*, répond, « Si vous
» ne pensez pas au mal, le Diable
» y pense sans cesse, & il est
» toujours très - attentif à saisir
» tous les moyens & toutes les
» occasions de nous y engager,
» & il n'y réussit que trop. Qu'im-
» porte que votre intention ne
» soit pas mauvaise, si votre
» conduite l'est ? La meilleure
» intention ne peut justifier ce
» qui n'est pas bon de sa nature.
» Quelqu'exempt que l'on soit de
» toute mauvaise intention, on
» s'expose toujours beaucoup,
» quand on se produit dans les
» compagnies, avec un air & un
» Ajustement mondains. » On se
croit assez assuré de soi - même,
pour se flatter qu'on n'y aura au-

cun

cun mauvais défir; mais c'eft par cela même qu'on eft plus près de fa chûte; parce qu'en ne craignant pas de tomber, on prend moins de précaution, & on fe tient moins fur fes gardes. Nous devons fi bien régler notre conduite, que nous puiffions avoir une efpérance raifonnable de perfévérer dans la grâce de Dieu; mais il ne nous eft jamais permis de préfumer de nos forces; & n'eft-ce pas en préfumer, que de fe préfenter dans les compagnies du monde, avec tant d'amorces pour le péché, fans craindre d'en reffentir aucune atteinte? Quelque bonne intention qu'on puiffe avoir, dit Tertulien, (*Libr. de Velandis Virginibus, cap.* 14.) « On expofe toujours beaucoup » fa chafteté, quand on fe pro- » duit dans les compagnies avec » un étalage qui attire les regards. *Quantùm velis bonâ mente conetur, neceffe eft publicatione fuî pericli-*

G

tetur, dùm percutitur oculis incertis & multis. « Si une femme apperçoit
» qu'on la montre au doigt, pour
» faire remarquer ce qu'elle a de
» beauté & d'agrément, se peut-il
» que son amour-propre n'en soit
» pas flatté ? Et, si l'on en vient
» jusqu'à lui faire sentir par de
» trop grandes familiarités, qu'on
» l'aime, se peut-il que sa con-
» cupiscence n'en soit pas excitée ?
*Dùm digitis demonstrantium titil-
latur, dùm nimiùm amatur, dùm
inter amplexus & oscula assidua
concalescit.* « C'est ainsi qu'elles
» perdent peu à peu la pudeur
» naturelle, que leur sexe leur
» inspiroit ; qu'elles n'ont plus la
» même retenue qu'elles avoient,
» & qu'elles se disposent insensi-
» blement à aller plus loin dans
» le mal, qu'elles ne l'avoient
» d'abord pensé. *Sic frons dura-
tur, sic pudor teritur, sic solvitur, sic
discitur aliter jàm placere desiderare.*
Quatrième Prétexte. Dieu,

dit-on, se met-il tant en peine de l'extérieur ? n'est-ce pas le cœur qu'il demande avant tout ? &, pourvu qu'on le lui donne, n'est-il pas content ?

Oui, c'est le cœur qu'il demande avant tout ; mais le lui donne-t-on, en aimant les Parures, qu'il défend d'aimer, & auxquelles on a renoncé, quand on est devenu Chrétien ? Le cœur se donne à ce qu'il aime. D'ailleurs l'intérieur peut-il être bien réglé, sans que l'extérieur le soit aussi ? « La vraie chasteté, dit » S. Cyprien, ne consiste pas seu- » lement à garantir son corps de » toute impureté ; mais encore » dans la bienséance & la mo- » destie des Habits. » (*De habitu Virgin. p.* 69.) *Continentia & pudicitia non in sola integritate carnis consistit, sed etiam in Cultûs & Ornatûs honore pariter ac pudore.....* « Que la pureté s'étende donc à » tout, & que le luxe des Habits

» ne déshonore pas la pureté du
» corps. » *Parem se integritas in
omnibus præstet ; nec bonum corporis
Cultus infamet.*

Nous devons toujours avoir la
Vertu & pour nous & pour les autres ; la Vertu doit être dans l'intérieur, pour la sanctification de
celui en qui elle est ; mais elle
doit aussi paroître dans l'extérieur, pour l'édification du prochain & , sur - tout , de ceux
qui sont plus à portée de nous
voir. N'est-ce pas ce que font
clairement entendre ces paroles
de J. C. (*Matth. c.* 5. ℣. 16.)
*Que votre lumière luise devant les
hommes ; afin que, voyant vos bonnes
œuvres, ils en rendent gloire à votre
Père qui est dans le Ciel :* Et ces
autres de S. Paul. (*Rom. c.* 12 ,
℣. 18.) *Ayez soin de faire le bien,
non-seulement devant Dieu ; mais aussi
devant tous les hommes.* Pour remplir ce double devoir, qu'on ait
donc soin de régler l'extérieur &

l'intérieur. L'intérieur par rapport à Dieu, & l'extérieur par rapport aux hommes. Si l'on veut perfuader qu'on eft chafte au-dedans, qu'on le paroiffe au-dehors par la modeftie de fes Habits & de toute fa contenance.

Cinquiéme Prétexte. On ne veut point fe fingularifer, ni faire parler le monde; on fait comme les autres; & on ne fait que fuivre un ufage établi par - tout.

Ces raifonnemens font-ils conformes à l'Evangile ? J. C. nous y enfeigne (*Matth. c.* 7, ℣. 13 & 14.) *Que la voie qui conduit à la vie eft étroite, & qu'il y en a peu qui y marchent, & qu'au contraire, la voie de la perdition eft large, & qu'un très-grand nombre la fuit.* Et peut - on éviter cette voie large de la perdition, où une fi grande multitude marche, & entrer dans la voie étroite du Salut, qu'un fi petit nombre fuit, fans fe fingula-

G 3

rifer ? On ne veut point faire parler le monde, dit-on. Hélas ! souvent on ne le fait que trop parler par son air & ses manières trop peu modestes. Mais, quand le monde parleroit, faut-il s'en mettre en peine, s'il parle sans raison, & pour blâmer ce que Dieu approuve ? Ne doit-on pas alors entrer dans les sentimens que S. Paul exprimoit, lorsqu'il écrivoit aux Corinthiens: (1. *Ep. c.* 4, ℣. 3.) *Pour moi je me mets fort peu en peine que vous me jugiez, vous, ou quelqu'homme que ce soit....* (℣. 4.) *c'est le Seigneur qui est mon Juge.* On ne peut guère éviter de faire parler le monde, à moins qu'on ne se conforme entièrement à lui ; & une des régles que S. Paul prescrit à tous les Chrétiens, est celle-ci: (*Rom. c.* 12, ℣. 2.) *Ne vous conformez point au siécle présent.* On dit encore qu'on fait comme les autres, & qu'on suit un usage presque généralement établi. Mais

je réponds avec Tertullien, que
J. C. s'eft appellé la *Vérité*, & non
pas la *Coutume; * & qu'ainfi, pour
fe fauver, comme c'eft la Vérité
qui nous jugera, c'eft elle qu'il
faut fuivre, & non pas la Coutume, qui eft pour l'ordinaire
contraire à la Vérité.

« Quelle peut être (dit encore
Tertullien, *l. de Velandis Virgin.
c.* 16.) « la force de la coutu-
» me, pour autorifer ce qui eft
» condamné par tant d'autorités
» que nous avons alléguées; ou
» quelle probabilité le fenti-
» ment contraire peut-il avoir ?
» L'Ecriture eft de Dieu; la Dif-
» cipline Eccléfiaftique vient de
» Dieu; tout ce qui leur eft
» contraire, ne vient donc point
» de Dieu. » *Cui ex his confuetudo
opinionis prodeft, vel qui diverfæ
fententiæ color eft ? Dei eft Scriptura, Dei eft Difciplina ; quidquid
contrarium eft iftis, Dei non eft.*

Bien loin qu'une chofe foit

permife, parce qu'elle eft auto-
rifée par la coutume, c'eft plutôt
une raifon de la tenir pour fort
fufpecte. S. Auguftin a comparé
la coutume à un torrent qui en-
traîne dans les enfers une infinité
d'âmes qui la fuivent. C'eft ce
qui le porte à s'écrier dans fes
Confeffions : (*l.* 1 , *c.* 16.) « Où
» font ceux qui te réfiftent, mal-
» heureux torrent de la coutume?
» Ne te verrons-nous jamais à fec ,
» & jufques à quand entraîneras-tu
» les enfans d'Adam dans cette
» mer fi profonde & fi orageufe,
» dont ceux mêmes qui fe tien-
» nent le plus fermement attachés
» au bois de la Croix du Sauveur,
» ont tant de peine à fe tirer? »
S'attacher à la Croix du Sauveur,
pour n'être point entraîné dans
les Enfers, par le torrent de la
coutume, c'eft, dans la penfée de
S. Auguftin , s'attacher inviola-
blement aux maximes de fon
Evangile, en réglant fur elles fa

conduite, quoiqu'elles foient vio-
lées par le plus grand nombre.
Si l'on veut fuivre des exemples,
qu'on n'en fuive que de bons ;
en voici quelques-uns qu'on peut
fuivre fans crainte de s'égarer.

CHAPITRE X.

Exemples dont la confidération peut & doit exciter à méprifer les vaines Parures.

LE premier exemple eſt celui de la Reine Eſther, que ſa qualité de Reine mettoit dans la néceſſité de porter des Habits magnifiques. Mais quels étoient ſes ſentimens en les portant? Ecoutons-la nous les découvrir elle-même, dans une Prière qu'elle fit à Dieu, qui connoiſſoit le fond de ſon cœur, & devant lequel elle n'auroit pu mentir. Elle lui dit : (*Eſther, c. 14, ℣. 16.*) *Vous ſçavez la néceſſité où je me trouve, & qu'aux jours où je parois dans la magnificence & dans l'éclat, j'ai en abomination la marque ſuperbe de ma gloire, que je porte ſur ma tête; que je la deteſte comme un linge ſouillé, & qui fait horreur, & que je ne la porte point dans les*

jours de mon silence. Que fait entendre Efther par ces paroles? Selon un pieux Interpréte, (*M. Mé-
fenguy, tom.* 9 *, p.* 475.) « elle fait
» entendre que les fuperbes Or-
» nemens avec lefquels elle pa-
» roiffoit aux jours de cérémonie,
» lui étoit en horreur ; qu'elle en
» avoit autant de honte, qu'en
» auroit une femme vaine qu'on
» obligeroit à fe donner en fpec-
» tacle , couverte des plus vils
» haillons ; qu'elle n'avoit de goût
» que pour la modeftie & la fim-
» plicité ; que , fi elle eût été
» libre, elle auroit renoncé à tou-
» tes ces fuperfluités, qui ne font
» bonnes qu'à enfler le cœur , &
» qu'à infpirer aux femmes, une
» folle eftime d'elles - mêmes ;
» qu'elle fe feroit réduite à ce
» qu'il y a de plus commun. Mais
» elle avoit un mari, à qui fon
» devoir l'obligeoit de plaire &
» d'obéir. Elle étoit dans un état
» qui demandoit qu'elle fût diftin-

» guée des autres femmes par ſes
» habits, comme elle l'étoit par ſa
» dignité. Ainſi elle accordoit à la
» ſoumiſſion & à la bienſéance ce
» qu'elle ne pouvoit leur refuſer,
» ſans ſortir de l'ordre. Mais, dans ſes
» jours de retraite & de ſilence, où
» elle avoit toute ſa liberté, elle
» ſe dédommageoit, en quittant
» les livrées de la Vanité, de la
» violence que ſon cœur s'étoit
» fait pour s'en couvrir ».

Si une femme qui vivoit au temps de l'ancienne Loi, a été dans des ſentimens ſi purs & ſi chrétiens, celles qui ſont enfans de l'Egliſe de J. C. trouveront-elles impoſſibles d'y être auſſi ?

Un ſecond exemple du mépris des vaines Parures, c'eſt celui que S. Pierre propoſe aux Fidéles de ſon temps, en leur rappellant le ſouvenir des ſaintes Femmes de l'Ancien Teſtament, telles qu'ont été Sara, Rébecca, Judith, Eſther, &c. Après avoir exhorté les femmes

à ne se point parer au - dehors ,
mais à parer plutôt l'homme intérieur par la pureté incorruptible d'un esprit doux & ami du
silence ; ce qui est, dit-il, un riche
Ornement aux yeux de Dieu, il
ajoute : *C'est ainsi que se paroient
autrefois les saintes Femmes q..i es-
péroient en Dieu.* Les femmes à
qui S. Pierre adresse la parole, des-
cendoient de ces saintes Femmes ,
dont un peu auparavant il leur
avoit dit qu'elles étoient les filles ;
comme pour leur faire entendre
que , pour ne pas dégénérer de la
piété de leurs ancêtres , elles devoient les imiter , & les imiter
particulièrement dans le mépris
des vaines Parures du corps , ne
faisant cas que des Ornemens intérieurs des Vertus , que le temps
n'use pas , & dont il ne sçauroit
ternir l'éclat.

Quel a été , selon S. Pierre , le
principe du parfait mépris que ces
saintes Femmes ont eu pour les

Vanités du monde, de l'amour
desquelles ce faint Apôtre ne vouloit pas que des femmes chrétiennes fuffent poffédées ? C'eft,
dit-il, *qu'elles efpéroient en Dieu*;
c'eft-à-dire qu'elles faifoient leur
tréfor de la Piété ; qu'elles vivoient de l'amour & de l'efpérance
des biens éternels ; que leur cœur
étoit par fes défirs dans le Ciel,
où étoit leur tréfor , & qu'elles tra-
vailloient fans ceffe, par la pratique
de toutes fortes de bonnes œuvres,
à mériter le bonheur qui nous y eft
promis. Lorfqu'on efpérera ainfi en
Dieu , & qu'on ne fera cas que des
biens éternels & des vertus , par
la pratique defquelles on peut
s'en rendre digne , combien trou-
vera-t-on méprifables les vaines
Parures , qui ne font que pour
ce monde , & qui y attachent le
cœur ? Les objets terreftres ne
peuvent trouver de place dans un
cœur tout rempli des objets
céleftes. Jugeons-en par l'exemple

de S. Paul, qui, fans rien excep-
ter de toutes les chofes du monde, écrit aux Philippiens : (*c.* 3 ,
℣. 8.) *Tout me femble une perte
au prix de la haute connoiffance de
Jéfus Chrift mon Seigneur , & je regarde tout comme du fumier, afin
de gagner Jéfus - Chrift.* C'eft dans
le même fentiment qu'écrivant
aux Corinthiens , il leur dit : (*II.
Ep. c.* 4 , ℣. 18) *Nous ne confidérons
point les chofes vifibles , mais les
invifibles ; parce que les chofes vifibles font temporelles ; mais les invifibles font éternelles.* Comprenons
que ce qui eft paffager, n'eft pas
digne d'un cœur fait pour l'éternité ; & demandons à Dieu une
foi vive, qui nous ferme les yeux
aux bagatelles & aux amufemens
de la terre, pour ne les ouvrir
qu'aux biens folides & immuables
du ciel, & nous y attacher inva-
riablement.

Le troifiéme exemple du mé-

pris des Vanités du monde, c'eſt
celui de Sainte Gorgonie, ſœur
de S. Grégoire de Nazianze, dont
la famille a été une famille toute
de Saints. L'Hiſtoire Eccléſiaſti-
que & la Vie des Saints, m'en
fourniroient beaucoup d'autres ;
mais je me borne à celui-ci ; à
cauſe des égards ſinguliers que
mérite l'autorité du ſaint Docteur,
ſon frère, qui le rapporte. Voici
ce qu'il dit de cette grande Sainte,
& de cette ſœur ſi reſpectable,
dans l'Eloge funébre qu'il en a
fait. (*Orat.* 11 , *t.* 1 , *pag.* 181.)
« Ecoutez, dit-il, ô femmes
» vaines, qui aimez l'oiſiveté &
» le Faſte, & qui ſecouez le joug
» de la pudeur, écoutez Gorgonie.
» Elle ne s'étudia point à relever
» ſa rare beauté, par des Parures
» précieuſes, ni par des ouvrages
» de l'Art. Elle ne prit pas ſoin
» de relever la beauté naturelle
» de ſes cheveux par la friſure.
» On ne la vit jamais revêtue

» d'Habits flottans & magnifiques,
» ni orné de Diamans, dont le
» feu & les brillans se répandissent
» sur son visage, pour en rehaus-
» ser l'éclat. Elle ne se servit
» point de ces Etoffes éclatantes
» par la vivacité de leurs couleurs.
» Gorgonie, qui connoissoit tous
» les Ornemens extérieurs, dont
» les femmes sont si curieuses, les
» méprisoit, en comparaison des
» Ornemens intérieurs, qui don-
» nent tant de lustre à l'âme. Elle
» n'aimoit que le Rouge que la
» pudeur fait naître, & que le
» Blanc, qui vient de l'abstinence,
» & qui cause la pâleur du visage.
» Elle abandonnoit aux Comé-
» diens & aux femmes débau-
» chées, qui ont renoncé à la
» pudeur, & qui ne rougissent
» de rien, le Fard, les Couleurs
» empruntées & toutes les inven-
» tions dont elles se servent pour
» paroître belles. »
    Dira-t-on qu'on ne peut par-

venir à une si haute perfection, que Sainte Gorgonie, & tant d'autres Saintes célébres dans l'Histoire Ecclésiastique, & dans les Vies des Saints? Mais je prie qu'on considère que c'est à des femmes simplement Chrétiennes, & vivantes au milieu du monde, que S. Pierre & S. Paul ont écrit *qu'elles ne doivent pas se parer au-dehors, & qu'elles ne doivent chercher que les Ornemens de l'homme intérieur.* J'ai dit qu'en renonçant dans le Baptême, aux pompes du Démon, on avoit renoncé à l'amour des Parures. On est donc obligé à ce renoncement, par la seule qualité de Chrétien & de Chrétienne; &, si on se croit dispensé d'arriver à la haute perfection des Saints, & des Saintes les plus illustres, du moins ne doit-on pas se croire dispensé de tenir une conduite Chrétienne, dont le mépris & la fuite des vaines Parures fait partie.

CHAPITRE XI.

De l'obligation où font toutes les perfonnes chargées de l'éducation des jeunes filles, & fpécialement les Mères Chrétiennes & les Religieufes qui prennent des Penfionnaires, de tâcher de leur infpirer de bonne heure le mépris des vaines Parures, & l'amour de la modeftie, & de la fimplicité dans la manière de s'habiller.

C'EST, pour ainfi-dire, un fecond péché originel, dans les jeunes perfonnes du fexe, de s'aimer beaucoup elles-mêmes, & d'aimer en conféquence beaucoup les Parures. Cet amour croît prefque toujours en elles avec l'âge. On ne fçauroit donc trop ni trop tôt s'appliquer à le réprimer en elles. C'eft le devoir particulier des Mères Chrétiennes & des Religieufes qui prennent des Pen-

fionnaires. S. Paul établit un principe fur lequel les pères & mères
ne fçauroient trop réfléchir. « Si
» quelqu'un, dit cet Apôtre,
(1. *Ep. Tim. c.* 5, ⱴ. 8.) « n'a
» pas foin des fiens, & particu-
» lièrement de ceux de fa Maifon,
» il a renoncé à la Foi, & eft pire
» qu'un Infidéle ». Quelle terrible
parole contre tant de pères &
de mères qui prennent, il eft
vrai, quelque foin du corps de
leurs enfans, mais qui en prennent
fi peu de leur âme & de leur
falut! S. Paul dit *qu'ils ont renoncé
à la Foi*, parce que ce n'eft pas
croire bien véritablement qu'il y
a une autre vie, que de fe
mettre fi peu en peine, que le
font beaucoup de Chrétiens,
de fe procurer à eux-mêmes &
à leurs enfans, la vie éternelle.
S. Jean Chryfoftôme regarde *comme plus cruels envers leurs enfans,
que les bêtes même les plus féroces,
les pères & mères qui donnent une*

mauvaise éducation à leurs enfans.
Il croit « qu'il vaudroit mieux
» que ces enfans tombassent entre
» les mains des Barbares, qui leur
» feroient les plus mauvais trai-
» temens, que d'être entre les
» mains de tels pères & de telles
» mères. *Barbaris immaniores sumus.*
» Je ne craints point de dire qu'ils
» leur sont plus cruels que s'il leur
» plongoient le poignard dans le
» sein, *Filiorum occisoribus imma-*
» *niores dixerim.* Qu'on ne croye
» pas, quand je parle ainsi (con-
» tinue ce saint Docteur) que je
» me laisse aller à un mouvement
» de vivacité : *Nemo tamen me irâ*
» *commotum dicere existimet.* La rai-
» son en est, que ceux qui fe-
» roient mourir leurs enfans, &
» des Barbares qui les réduiroient
» au plus dur esclavage, ne leur
» feroient qu'un mal temporel,
» au lieu que les pères & mères
» qui donnent une mauvaise édu-
» cation à leurs enfans, précipi-
» tent leur âme & leur corps

» pour l'éternité dans les enfers. »
Auſſi voyez comment il eſt rapporté dans l'Ancien Teſtament,
que Dieu a puni le Grand-
Prêtre Héli, non pour avoir au-
toriſé ſes enfans dans leur mau-
vaiſe conduite ; mais ſeulement
pour ne les avoir pas repris aſſez
fortement, de ce qu'ils faiſoient
de mal, & de ne les avoir pas
punis.

Ce Grand-Prêtre de l'ancienne
Loi ſe contente de leur dire foi-
blement : « Qu'eſt-ce que j'entends
» dire de vous par tout le peuple ;
» ne faites plus cela ; car, mes en-
» fans, il eſt bien fâcheux que
» l'on entende dire de vous, que
» vous portez le peuple du Sei-
» gneur à violer ſes Commande-
» mens. » Ce Grand-Prêtre du
Seigneur paroiſſoit aux yeux des
hommes, irrépréhenſible pour ſa
propre conduite, & exact à ſes
devoirs ; il eſtimoit le mérite &
la piété dans le jeune Samuel ;
la veille de la bataille que les

Ifraélites devoient livrer aux Phi-
liftins il étoit moins inquiet pour
tout le peuple & pour fes propres enfans, quoiqu'ils fuffent ex-
pofés aux plus grands dangers;
que pour l'Arche du Seigneur.
lorfqu'on lui annonça la défaite
de l'armée d'Ifraël, il ne fut pas
renverfé par cette nouvelle; mais
il le fut par la nouvelle de la
prife de l'Arche; il fuccomba à
fa douleur, & tomba à la ren-
verfe. A cette nouvelle, il mourut d'une manière tragique. Dieu
n'a pas voulu nous laiffer ignorer
que cette mort fi funefte fut une
punition de cette exceffive in-
dulgence envers fes enfans. Voici
ce qu'il dit (*Liv.* I. *Rois. ch.*
3, ℣. 11 *& fuiv.*) à Héli, par la
bouche du Prophète Samuel : « Je
» vais faire une chofe dans Ifraël,
» que perfonne ne pourra enten-
» dre fans être frappé du plus
» profond étonnement. En ce
» jour-là, je vérifierai ce que j'ai
» dit contre Héli & fa Maifon. Je

» commencerai & j'achéverai. Car
» je lui ai prédit que j'exercerois
» mon jugement pour jamais,
» contre fa Maifon, à caufe de
» fon iniquité ; parce que, fçachant
» que fes fils fe conduifoient d'une
» manière indigne, il ne les a pas
» punis. C'eft pourquoi j'ai juré
» à la Maifon d'Héli, que l'im-
» piété de cette Maifon ne fera
» jamais expiée, ni par des victi-
» mes, ni par des préfens. » Qu'on
remarque bien que cette iniquité
fi grande, & dont Dieu dit *qu'elle
ne fera jamais expiée*, c'eft que le
Grand - Prêtre Héli n'a point repris & puni, comme il le devoit,
fes fils de leur mauvaife conduite.
Auffi S. Auguftin (*liv.* 17, *de la
Cité de Dieu.*) décide-t-il *qu'il a été
réprouvé comme Saül.* S. Grégoire
Pape, prononce, (*liv.* 2. *Mor.
c.* 3.) « qu'il a été enveloppé dans
» la même condamnation que fes
» fils, » & il en donne pour raifon, « qu'il fuffit aux inférieurs,
pour

» pour être fauvés, de bien vivre;
» mais que ce n'eft pas affez pour
» les Supérieurs;» & il ajoute dans
fon *Paftoral*, que « la faute qui
» a fait négliger à Héli, de punir
» fes enfans, lui a nui, comme à
» eux, auprès du Souverain Juge,
» dont elle lui a attiré la condam-
» nation. »

A ces autorités refpectables,
& fi capables d'infpirer la frayeur
la plus grande aux pères & aux
mères qui négligent l'éducation
de leurs enfans, je pourrois ajouter celle de S. Bafile, Archevêque de Céfarée, de S. Eucher,
Archevêque de Lyon, de S. Cé-
zaire, Archevêque d'Arles, de
S. Ephrem, folitaire & Diacre de
l'Eglife d'Edeffe, de Pierre Da-
mien, du Vénérable Béde qui,
tous ont jugé de la même manière, de la trop grande indul-
gence, & de la trop grande moleffe du Grand-Prêtre Héli, à l'é-
gard de fes enfans, & de fes ter-

H

ribles fuites. Adorons, en trem-
blant, cette équité & cette pro-
fondeur des Jugemens de Dieu
fur cet infortuné Grand-Prêtre
de l'Ancien Teftament. Prenons
garde qu'une fauffe compaffion
pour lui, ne nous empêche de
profiter d'une punition auffi terrible que le S. Éfprit n'a fait écrire
dans les Livres Saints, que pour
pénétrer de crainte les pères &
mères qui ne prennent point affez
de foin du falut de leurs enfans;
& pour leur faire entendre qu'en
vain leur vie particulière aura été
bien réglée, fi celle de leurs enfans ne l'a pas été, faute de vigilance de leur part; ou parce
qu'ils n'ont pas fait un ufage
auffi ferme & auffi prudent qu'ils
le devoient, de l'autorité que
Dieu leur a donnée fur leurs enfans, pour réprimer, autant qu'il
leur eft poffible, leurs paffions
naiffantes, & pour les porter à la
pratique du bien.

CHAPITRE XII.

Dans lequel on examine s'il eſt permis aux femmes de changer l'Habit de leur ſexe, en s'habillant en Amazone.

QUOIQUE, dans cet Ecrit, je me ſois principalement propoſé de parler contre l'amour des Parures & du Luxe dans les Habits, je ne crois pas cependant m'écarter de mon ſujet, en examinant *s'il eſt permis aux femmes de changer l'Habit de leur ſexe, en s'habillant en Amazone.* Il s'agit en effet, dans ce Traité, de propoſer les régles qu'il faut ſuivre pour s'habiller chrétiennement. Or je demande ſi c'eſt s'habiller ainſi, que de changer l'Habit de ſon ſexe, comme on fait, en s'habillant *en Amazone.* Je vais prouver dans ce Chapitre, *que ce changement n'eſt pas permis.* Qu'on conſulte ſur cela la loi de Dieu, qui eſt la ſeule régle ſûre de notre conduite, & on verra, du premier coup d'œil, que ce changement d'Habit y eſt expreſſément défendu. Dans le Chapitre 22 du Deuté-ronome, ($\dot{y}$. 5.) on lit ces pa-roles ſi claires : « Une femme ne » prendra pas un Habit d'homme, » ni un homme ne prendra pas un » Habit de femme. Car celui qui » le fait, *eſt abominable* devant » Dieu. » S. Ambroiſe, dans ſa » Lettre à Irénée, (*Ep.* 69, *Epiſ-tolarum claſſe*, 2. *t.* 2, *p.* 1061.) après avoir cité ces paroles, dit à ce ſujet : « Si vous examinez » la choſe de près, vous verrez » que ce changement d'Habit de » ſon ſexe eſt indécent, & que la » Nature en a horreur. *Si verè diſ-* » *cutias, incongruum eſt ; ipſa etiam* » *abhorret Natura.* Pourquoi, ajou-» te ce Père, prenez-vous une » figure étrangère, *cur alienam tibi* » *aſſumis ſpeciem?* Pourquoi, ô hom-» me, contrefaites-vous la femme?

» vous, femme, pourquoi contre-
» faites-vous l'homme? *Cur mentiris*
» *feminam, vel tu, femina, virum?*
» La Nature a donné à chaque sexe
» les Habits qui lui sont propres.
» *Suis unumquemque sexum induit*
» *Natura Indumentis.* (n° 4.) Il est
» honteux de mentir, non-seule-
» ment par les paroles, mais même
» par les Habits. *Mendacium & in*
» *verbo turpe est, nedùm in Habitu.*
» (n° 7.) Certainement la chaf-
» teté est mal gardée, où l'on n'ob-
» serve pas la distinction des sexes :
» *Meritò illic non servatur castimo-*
» *nia, ubi non tenetur sexûs dif-*
» *tinctio.* »

Sur quoi un célébre Interpréte
de l'Ecriture Sainte, (c'est le sçavant Estius, dans son Traité *Des*
Lieux les plus difficiles de l'Écri-
ture, p. 89.) expliquant l'endroit
du Deutéronome, que je viens de
citer, dit dans son Commentaire :
« Dieu défend aux hommes & aux
» femmes de changer d'Habits, &
» de se vêtir d'une manière diffé-

H 3

» rente de celle de leur sexe,
» pour empêcher le scandale &
» les désordres qui peuvent en
» naître. La femme, en changeant
» ainsi d'Habits, se dépouille assez
» aisément de la modestie & de la
» pudeur naturelle à son sexe. Et
» l'homme aussi, en prenant l'Ha-
» bit qui convient à la femme,
» donne lieu de craindre qu'il n'en
» ait la molesse & l'esprit; ce qui
» est un renversement de la Na-
» ture, *abominable* aux yeux de
» Dieu. »

M. de Saci, sur ce même endroit, remarque que, « Dès que
» Dieu déclare lui-même un tel
» changement *abominable*, il faut
» être bien téméraire & bien hardi
» pour le croire (& encore plus
» pour le dire) *innocent*. Quand
» Dieu parle, avons-nous autre
» chose à faire que de l'écouter,
» de le croire, de penser & de
» parler comme lui. Il connoît,
» mieux que nous, le mal qu'il y
» a dans ce qu'il défend, & pour-

» quoi il le défend fi févère-
» ment. »

S. Auguftin, dans fon fecond
Livre des Soliloques (*ch.* 16,
n° 30, *t.* 1, *p.* 381.) n'héfite
pas à appeller « *infâmes*, les hom-
» mes qui fe montrent en Habits
» de femmes : *Credo jurè I N F A-*
» *M E S inftabilefque haberi qui*
» *muliebri Habitu fefe oftendunt.* Ne
» fçachant, (ajoute-t-il) fi je dois
» les appeller de *fauffes-femmes* ,
» ou de *faux-hommes* ; il eft cer-
» tain que le nom qui leur con-
» vient le mieux, eft celui *de vrais*
» *Comédiens, de vrais Bouffons & de*
» *vrais Infâmes.* » *Quos meritò utrùm*
falfas mulieres an falfos viros vo-
cem ; veros hiftriones, verofque in-
fames, fine dubio poffumus vocare.
Ce que S. Auguftin dit ici des
hommes qui prennent un Habit
de femme, qu'ils font des *infâ-*
mes, doit encore plus évidemment fe dire des femmes qui prennent un Habit d'homme.

On fçait quelle autorité ont dans

l'Eglise, les décisions de S. Thomas, appellé particulièrement le *Docteur Angélique*, à cause de la sublimité & de la sûreté de sa Doctrine. Ce saint Docteur établit pour principe (2ᵉ, 2ᵉ, Q. 169. *à 2ᵃ. ad 3ᵃᵐ*) que « La manière de s'habiller, doit être telle
» qu'elle convienne à la condition
» de la personne, selon l'usage
» ordinaire ». *Cultus exterior debet competere conditioni personæ, secundum communem consuetudinem.* Or le changement d'Habit de son sexe en celui de l'autre sexe, n'est-il pas contraire à l'usage établi par toutes les Nations? Et l'ordre naturel n'exige-t-il pas que le Vêtement distingue ceux qui le sont par le sexe?

Ce saint Docteur, (dans la même Question) décide nettement que
« C'est un désordre qu'une femme
» porte un Habit d'homme; & un
» homme, un Habit de femme;
» principalement, parce que c'est
» une occasion qui peut faire tom-
» ber dans le péché d'impureté.

» & que cela eſt défendu par les
» ſaintes Ecritures ». S. Thomas a
certainement en vue les paroles
du Deutéronome que j'ai rapportées ci-deſſus *p.* 172 *: De ſe vitioſum
eſt quod mulier utatur Veſte virili,
aut è converſo ; & præcipuè quia hoc
poteſt eſſe cauſa laſciviæ & ſpecialiter
prohibetur in lege.*

Ce ſaint Docteur dit encore, dans
un autre endroit de ſa Somme,
(1ᵃ 2ᵃ *Q.* 102. *à* 5ᵃ. *ad* 6ᵃᵐ) que
« Le changement d'Habit de ſon
» ſexe n'eſt propre qu'à allumer
» dans les âmes le feu de la con-
» cupiſcence & à exciter les paſ-
» ſions » *Quòd mulier induatur Veſte
virili, aut è converſo, incentivum
eſt concupiſcentiæ & occaſionem præ-
ſtat libidini.* Nous portons tous en
nous le feu de cette concupiſcence, qui eſt ſi dangereux, &
qui s'allume ſi aiſément. S. Jacques dit que « Chacun eſt tenté
» par ſa propre concupiſcence, ſe
» laiſſant prendre & entraîner par
» ſes douceurs ». C'eſt un ennemi

contre lequel nous devons toujours être en garde, parce qu'il
peut, à tout moment, nous porter
quelque coup mortel; & notre
plus férieufe, & même notre continuelle occupation doit être de
combattre cet ennemi avec beaucoup de force. Mais le malheur
d'un grand nombre de Chrétiens eft
au contraire de lui donner trop
fouvent des armes contre eux-
mêmes, en faifant & fe permet-
tant ce qui ne peut qu'enflammer
cette concupifcence en foi-même
& dans les autres.

L'Habit d'homme donne à une
femme, quand elle s'en revêt,
un air plus libre & plus hardi.
Comment une femme habillée en
Amazone, fe préfente-t-elle ? comment falue-t-elle ? elle fe préfente ordinairement & falue en
cavalier, plutôt qu'en femme. Et
peut-on croire que cette manière
de fe préfenter & de faluer, foit
bien convenable à une perfonne
du fexe, dont la modeftie doit

faire le plus bel orneme ? Croit-
on que les Apôtres & les SS. Pères, qui ont été si sévères sur la
modestie, eussent vu avec plaisir
les femmes & les filles Chrétiennes se présenter ainsi, de leur
temps? S. Paul vouloit que *les fem-*
mes eussent la tête couverte d'un voile.
Combien sont éloignées d'obser-
ver cette régle de modestie les
personnes du sexe, qui s'habillent *en Amazones*. Le Chapeau
qu'elles ont sur la tête, ne la leur
laisse-t-il pas beaucoup plus découverte que si elles avoient la
Coëffure convenable à leur sexe?
Et, ayant le visage ainsi décou-
vert, leur vue n'en est-elle pas
plus frappante &, par là, plus capable de faire de dangereuses im-
pressions sur un grand nombre
d'hommes &, sur-tout, de jeunes
gens, qui sont bien éloignés
d'*avoir fait*, comme le saint homme
Job (*Chap.* 31, ℣. 1.) *un pacte*
avec leurs yeux, pour ne pas penser
même à une Vierge. Une preuve

fenfible de ce que dit S. Thomas,
« Que la vue d'une perfonne du
» fexe habillée en homme, eft
» très-propre à exciter la concu-
» pifcence » ce font les paroles
libres & indécentes qu'on leur
adreffe plus facilement, & plus
fouvent, quand on les voit en
cet état, que dans leur Habillement ordinaire. Je veux bien
fuppofer que ces difcours libres
déplaifent à plufieurs d'entr'elles,
& même qu'elles le font voir par
l'air d'improbation, qui paroît fur
leur vifage, lorfqu'on les leur
tient. Mais dans le fonds ne font-
elles pas toujours coupables de
donner, par leur changement
d'Habits, occafion à de pareils
propos, auxquels elles pourroient
& ne devroient même pas, ni
s'expofer, ni donner lieu ? L'E-
glife, dans fes Conciles, a pro-
noncé *Anathême* contre les femmes & les filles qui prendroient
un Habit d'homme. Or l'Eglife
ne prononce jamais *Anathême,*

que contre ceux ou celles qui
tombent dans quelque péché con-
fidérable. Voici les paroles du
Concile de Gangre, tenu dans le
quatriéme fiécle, (*Can.* 13.) « Si
» une femme, dit-il, change fon
» Habit, & qu'à la place de fon
» Habit ordinaire, elle en prenne
» un d'homme, qu'elle foit *Ana-*
» *théme.* » *Si qua mulier Veſtem*
mutat ; & pro folito muliebri
Amiſtu virilem fumit, Anathe-
ma fit.

Le Clergé de France a fait imprimer à part les Canons péni-
tentiaux de S. Charles, afin que
tous les Confeſſeurs les étudient
avec foin, & qu'en étant bien
inftruits, ils fe réglent fur ces
Canons, dans l'adminiftration du
Sacrement de Pénitence, afin qu'ils
foient, comme parle S. Paul,
(1. *Cor. c.* 7 ℣. 1.) des difpen-
fateurs fidéles des Myftères de
Dieu. Or l'un de ces Canons
porte expreffément «Qu'un hom-
» me qui fe fera travefti, en pre-

» nant un Habit de femme, &
» qu'une femme qui aura mis un
» Habit d'homme, soient mis en
» pénitence pendant trois ans, s'ils
» ont manqué à la promesse qu'ils
» avoient faite de ne plus chan-
» ger ainsi l'Habit de leur sexe. »
(*Act. Eccl. Mediolan. part.* 7, *t.* I,
p. 442.) *Qui vir faciem suam trans-*
formavit Habitu muliebri, & mulier
Habitu viri, emendationem pollicitus,
annis pænitens sit tribus. L'Église
auroit-elle imposé une pénitence
de trois ans, pour une faute légère ?

Prétendroit-on s'autoriser, pour
excuser ce changement d'Habits de son sexe, de l'exemple
de plusieurs Saintes, dans les
Vies desquelles on lit qu'en certaines occasions, elles ont pris
des Habits d'homme ? Je réponds
en premier lieu (avec le sçavant
Estius) aux personnes qui préten-
droient s'autoriser de ces exemples, que « Ces Saintes n'ont,
» en certaines occasions, changé

» les Habits de leur sexe, que
» par une inspiration particulière
» de Dieu, qui n'est pas assu-
» jetti à ses propres loix & qui,
» en ces cas extraordinaires, les
» en a dispensées. Quand Dieu,
» dit S. Augustin, commande
» une chose qui est contraire à
» une loi qu'il a faite, ce Com-
» mandement tient lieu de loi,
» parce que Dieu étant l'Auteur de
» la Loi, il peut s'en dispenser lui-
» même, quand il veut, » (*in Levit.*
Q. 56, *t.* 3, *Part.* 1, *p.* 515.)
Cùm jubet ille qui legem constituit,
aliquid fieri quod in lege prohibuit;
jussio illa pro lege habetur, quoniam
autor est legis.

J'ajoute en second lieu, avec ce
même Théologien, que « Ces
» exemples ne sont pas rapportés
» pour qu'on les imite ; mais pour
» qu'on y admire, sans vouloir
» en pénétrer les raisons, la con-
» duite de Dieu, qui, comme
» parle le Prophète, *est admirable*
» *dans ses Saints* ». (Estius sur

le 22 Chap. du Deut. ℣. 5.)
Hæc non sunt tradenda ad imita-
tionem ; quædam enim Sanctorum
facta miranda potiùs quam imi-
tanda.

Il n'eſt pas douteux, qu'en changeant l'Habit de ſon ſexe, on ne ſcandaliſe les perſonnes qui ont de la piété. Et comme elles ſeules peuvent bien juger de ce qui eſt bon ou mauvais, ou in-différent pour la conſcience ; & qu'au contraire, les perſonnes qui ont l'eſprit du monde, ſont de mauvais Juges, dans ce qui regarde la régle des mœurs & la vie chrétienne, il eſt évident que c'eſt au jugement de ces perſonnes, d'une piété ſincère & éclairée, qu'il faut s'en rapporter ſur ce changement d'Habits de ſon ſexe. Or y a-t-il une ſeule de ces perſonnes qui n'en ſoit ſcanda-liſée, & qui ne ſe ſente portée à le condamner ? Je demande même ſi aucune de celles qui ſe le permettent, n'ont pas eu ſur cela, du moins dans le commencement, quelque répugnance, quelque doute, & quelque peine de conscience. Je demande si elles n'ont pas quelque temps hésité, avant que de se le permettre. Quant à beaucoup d'autres personnes qui commettent, sans remords, de très-grandes fautes, & qui mènent tranquillement une vie toute opposée aux régles & aux maximes de l'Evangile, si elles n'ont aucune difficulté sur l'habit d'*Amazone*, faut-il en être surpris; quand la conscience n'est pas éclairée, ni délicate sur beaucoup de choses qui devroient l'allarmer, il ne faut pas s'attendre qu'elle le sera sur le point de morale que je traite.

Mais, dit-on, c'est une foiblesse que de se scandalifer, en voyant une personne habillée en *Amazone*; & ne doit-on pas, ou du moins ne peut-on pas méprifer un tel scandale?

Après tout ce que j'ai rapporté,

que l'Ecriture, les faints Pères &
les Conciles, ont dit, contre le
changement d'Habits de fon fexe,
peut-on dire raifonnablement que
c'eft une foibleffe d'efprit de le
condamner ? Les faints Pères &
les Evêques, dont les Conciles
étoient compofés, étoient-ils de
petits efprits ? Mais, quand ce feroit par foibleffe d'efprit, que
plufieurs fe fcandaliferoient de
ce traveftiffement, la charité que
l'on doit au prochain, ne deman-
deroit-elle pas qu'on y eût quelqu'égard, & qu'on évitât ce qui
eft pour eux un fujet de fcandale, pouvant le leur épargner.
Si quelqu'un, dit J. C. (*Matth. c.* 18,
⍦. 6.) *eft un fujet de fcandale &*
de chûte à l'un de ces petits qui
croyent en moi; il vaudroit mieux
pour lui qu'on lui pendît au cou une
meule de moulin, & qu'on le jettât
au fond de la mer.

Remarquez que c'eft particulièrement du fcandale *des petits*
& des foibles, que J. C. parle ici;

il ne veut pas par conséquent qu'on le méprise. Qu'on lise le Chap. 8, de la 1. Ep. de S. Paul aux Corinthiens, & l'on verra le jugement qu'il porte de cette prétendue force d'esprit , qui fait qu'on ne craint pas de scandaliser *les foibles & les petits* , par une conduite qu'on peut éviter. Au temps de cet Apôtre, il y avoit des Chrétiens foibles qui croyoient mal-à-propos , que c'étoit un péché de manger des viandes immolées aux Idoles. D'autres plus instruits, & d'une conscience plus éclairée, croyoient qu'on pouvoit en manger sans pécher. S. Paul étoit de ce sentiment, parce que , comme il le dit, « l'Idole n'étant » rien, elle ne pouvoit imprimer » aucune qualité mauvaise & dan- » gereuse à la chair des animaux » qui lui étoient offerts. » Cependant, ce saint Apôtre exhortoit les Fidéles plus instruits , & qui croyoient qu'on pouvoit manger de ces viandes sans péché, à s'en

abſtenir, s'ils ne pouvoient en manger, ſans ſcandaliſer ceux de leurs
frères qui étoient foibles. La raiſon
qu'en donne le ſaint Apôtre, « C'eſt
» que leurs exemples portoient
» les Chrétiens foibles à en man-
» ger, contre leur conſcience,
» n'oſant pas ſe diſtinguer de ceux
» qu'ils voyoient en manger, &
» par là, les expoſoient à pécher.
» Car tout ce qui eſt fait contre
» la conſcience, ne peut ſe faire
» ſans péché. » C'eſt ce que ſigni-
fie cette ſentence de l'Apôtre :
« Tout ce qui n'eſt pas ſelon la
» Foi eſt péché. » *Omne quod non*
eſt ex Fide, peccatum eſt. Ici le ſaint
Apôtre prend le nom *de Foi* pour
la Conſcience, par laquelle on croit
les choſes bonnes ou mauvaiſes.

Pour détourner ces Chrétiens
plus inſtruits & plus forts, de ſcandaliſer ainſi les âmes foibles, S.
Paul leur diſoit : « Vous perdez
» par votre ſcience, votre frère
» encore foible, pour lequel
» Jéſus - Chriſt eſt mort. Or pé-

» chant de la forte contre vos
» frères , & bleffant leur con-
» fcience, qui eft foible , vous pé-
» chez contre Jéfus-Chrift même ».

A cette exhortation , par laquelle S. Paul s'efforce d'empêcher qu'on ne fcandalife les foibles , il joint fon exemple, en
ajoutant : « Si donc ce que je man-
» ge, fcandalife mon frère , je ne
» mangerois plutôt jamais de chair
» toute ma vie , pour ne pas
» fcandalifer mon frère , qui eft
» foible ». Héfitera-t-on à conve-
vénir qu'il y a plus de fujet d'être
fcandalifé, en voyant une perfonne du fexe habillée en homme , qu'il n'y en avoit du temps
de S. Paul, pour une perfonne
foible , de voir un Fidéle plus
inftruit, manger des viandes immolées aux Idoles ? Ce n'étoit pas
une chofe mauvaife en foi, que
de manger de ces viandes ; au
lieu que rien ne peut excufer de
changer l'Habit de fon fexe.

Mais, dit-on , fi c'eft un fi grand

mal qu'on veut le faire entendre dans cet Ecrit, que les perſonnes du ſexe s'habillant *en Amazone*, changent par là les Habits de leur ſexe ; pourquoi les Caſuites & les Confeſſeurs ne ſont-ils pas d'accord ſur ce mal, pour le défendre ? Malheureuſement il y a bien d'autres points ſur leſquels ils ne ſont point autant d'accord, qu'ils devroient l'être. Ce n'eſt pas-là une raiſon qui puiſſe juſtifier ce que Dieu condamne. Par exemple, il n'y a que trop de Caſuiſtes & de Confeſſeurs qui permettent des contrats & des pratiques uſuraires ; l'uſure en eſt-elle plus permiſe pour cela ? Le Saint-Eſprit dit dans le Livre des Provérbes (*c.* 14, ℣. 19.) *Il y a une voie qui paroît droite à l'homme, & dont la fin conduit à la mort.* Le Saint-Eſprit a jugé ſi important qu'on ſoit convaincu de cette vérité, qu'il l'a encore répétée, deux Chapitres après. (*ch.* 16, ℣. 3.) Peu auparavant il avoit dit : (*chap.* 12

ỳ. 15.) *La voie de l'insensé est droite à ses yeux.* C'est le pécheur que le Saint-Esprit appelle ici *insensé*, & il fait entendre par là qu'il mérite d'autant plus de se tromper & d'être trompé, qu'il craint plus qu'on ne lui enseigne la voie de Dieu dans la vérité, & qu'il désire plus d'être flatté dans ses mauvais désirs. Si, par une juste punition de ce qu'il craint la lumière, & de ce qu'il aime les ténébres, Dieu permet qu'il s'engage, ou qu'on l'engage dans une voie qu'il croit droite, & qui ne l'est pas, le S. Esprit décide qu'il ne va pas moins à la mort. Voulons-nous donc éviter ce malheur que nous ne pouvons trop craindre, demandons souvent à Dieu, & avec instance, que la lumière de sa parole conduise toujours nos pas, & qu'elle éclaire toujours ceux que nous consulterons pour les affaires de notre conscience. Ne perdons jamais de vue, que dans les choses douteuſes, il faut toujours prendre le parti le plus ſûr : *In dubiis tutior pars eligenda ;* ſur ce principe de Tertulien, « qu'on ne peut » prendre trop de ſûreté, quand » il s'agit de l'éternité : » *Nulla ſatis magna ſecuritas , ubi periclitatur æternitas.* Quand il s'agit de faire réuſſir une affaire temporelle, qu'on juge un peu importante, quelle précaution ne prend-on pas? N'en faut-il pas prendre infiniment plus pour les affaires de la conſcience, & pour aſſurer ſon ſalut.

Mais les perſonnes, qui, en s'habillant en *Amazone* , conſervent quelque choſe de leur ſexe, telle qu'une juppe , ne peuvent-elles pas être excuſées, ou au moins tolérées? Je reponds d'abord, que parmi celles qui s'habillent en *Amazone*, pluſieurs ne prennent pas même cette précaution. De plus, je ne vois pas que dans la Loi du Deutéronome qui défend de prendre un autre Habit que celui de

ſon

fon fexe, qu'il y ait aucune reftriction, ni exception de perfonnes, de quelque qualité qu'elles
puiffent être ; &, dès que dans la
Loi, il n'y a aucune exception, ni
aucune reftriction, nous eft - il
permis d'en mettre quelqu'une,
C'eft une maxime de Droit, que,
quand la Loi ne diftingue pas ?
nous ne devons pas non plus dif-
tinguer : *Ubi Lex non diftinguit,
nec diftinguere fas eft.* Qu'une perfonne habillée en *Amazone*, con-
ferve quelques-uns des vêtemens
de fon fexe, elle fera avec cela
toujours plus habillée en homme
qu'en femme ; & il me femble que
c'eft ce qui eft défendu par la Loi
du Deuteronome.

Enfin on dit que c'eft pour fa
fanté, & par le confeil des Méde-
cins, qu'on eft obligé de monter
à cheval, & qu'on ne le peut
avec fes Habits ordinaires.

Mais je demande 1° Si les Mé-
decins les plus habiles & même les

I

plus religieux , croyent ce reméde si efficace & si nécessaire,
qu'il ne puisse être suppléé par
aucun autre ? 2° Combien de femmes montent à cheval sans changer d'Habit ? 3° Ce reméde , s'il en
est un , n'opéreroit-il pas , sur une
personne du sexe qui seroit à cheval avec ses Habits ordinaires ?
4° Enfin ce changement d'Habit de son sexe , *étant* (selon S.
Thomas) *très-souvent une occasion
de luxure*, si on a la crainte de
Dieu & le désir de se sauver , ne
fera-t-on pas disposé à sacrifier ,
s'il le faut, la santé de son corps ,
pour ne point perdre son âme ni
celle des autres ?

Afin que les remédes opèrent ,
il faut que Dieu les bénisse ;
c'est lui , est-il dit au Livre de
Job (*c.* 5 , ℣. 18) qui frappe
& qui guérit ; *Il envoye les maladies , & la guérison vient de sa
main salutaire.* —— *Ipse vulnerat &
medetur ; percutiet & manus ejus*

fanabunt. Et a-t-on lieu d'espérer que Dieu bénisse l'usage d'un moyen qu'on prend pour conserver ou réparer sa santé, dont nous avons vu que S. Thomas dit, qu'*il est toujours accompagné d'indécence* & de quelque danger spirituel, & pour son âme & pour celles des autres, & souvent pour les unes & les autres ensemble.

CHAPITRE XIII.

Dans lequel on montre que les principales vérités répandues dans cet Ouvrage contre le Luxe des Habits & l'amour des Parures, ont été enseignées par S. François de Sales.

APRÈS toutes les autorités que j'ai citées dans cet Ouvrage, contre le Luxe & la Vanité des Habits, je ne puis mieux finir ce petit Traité, qu'en rapportant l'Article qu'on lit à ce sujet dans la *Vie de S. François de Sales*, composée par M. Marsollier, Chanoine de l'Église d'Uzès, imprimée à Paris, en 1701, chez Dupuis, *tom.* II. *liv.* 8, *art.* 22, lequel a pour titre: *DU LUXE.*

Sentimens du saint Prélat sur la bienséance dans les Habits.

« Le Luxe a toujours été un
» vice; mais la mal-propreté ne

» fut jamais une vertu. Le saint Évê-
» que condamne l'une avec toute
» la févérité de l'Évangile; mais il
» approuve la propreté, & la con-
» feille aux perfonnes qui vivent
» dans le monde; car c'eſt pour
» elles qu'il a écrit, quoiqu'il foit
» vrai poürtant qu'il ne la blâme
» en aucun état. Il dit donc contre
» le Luxe, à ceux qui vivent dans
» le monde , qu'on doit fuivre
» cet avis de S. Pierre : *Ne mettez*
» *point votre Ornement à vous parer*
» *au-dehors, par la frifure des che-*
» *veux, par les enrichiſſemens d'or,*
» *& par la beauté des Habits; mais*
» *à parer l'homme invifible, caché*
» *dans le cœur, par la pureté incor-*
» *ruptible d'un efprit plein de dou-*
» *ceur & de paix ; ce qui eſt un*
» *riche & magnifique Ornement aux*
» *yeux de Dieu.*

» Il veut, avec S. Paul, que les
» femmes qui font profeſſion de
» Piété , (& il en faut, dit-il,
» dire autant des hommes) foient

I 3

» vêtus d'Habits bienséans , &
» qu'elles soient modestement pa-
» rées. Il ajoûte que les hommes
» qui s'occupent trop de leurs
» parures , passent avec raison
» pour des efféminés, & les fem-
» mes pour être vaines & faciles.
» *Car*, dit-il, *si elles ont de la*
» *chasteté, elle ne paroît pas au*
» *moins dans ces bagatelles. On dit*
» *qu'on n'y pense pas de mal ; mais*
» *je réponds que le Diable en pense*
» *toujours.* On s'expose donc, par
» la Parure excessive, à de forts
» mauvais jugemens ; il est rare
» qu'on fasse tant de dépenses ;
» qu'on se donne tant de soins,
» & qu'on prenne tant de peines
» pour plaire à un mari, à qui
» pourtant une honnête-femme
» doit uniquement se piquer de
» plaire ; il pourroit arriver qu'on
» n'auroit pas d'autre intention ;
» mais le monde n'en juge pas ainsi,
» & l'on est toujours responsable
» des mauvais jugemens qu'on fait

» faire. L'honneur & la réputa-
» tion à l'égard d'une femme,
» doivent l'emporter fur tous les
» égards humains ; tout ce qui
» peut y donner la moindre at-
» teinte, doit être retranché.

» Mais la Parure expofe en-
» core à de grandes tentations ;
» on ne s'adreffe guère à une
» femme modefte & modefte-
» ment vêtue ; on juge de fon
» cœur par ce qui paroît au-de-
» hors ; comme on croit qu'elle
» ne cherche point à plaire, on
» ne penfe pas à la tenter. Le
» Luxe, au contraire, invite, at-
» tire, enhardit ; qui n'évite pas le
» péril, le rencontre fouvent fans
» le chercher. La vertu timide fuit
» le grand jour ; & l'ennemi de
» notre falut ne manque jamais
» de profiter des moindres occa-
» fions que nous lui donnons pour
» nous perdre. C'eft ce que le
» faint Prélat veut dire dans ces pa-
» roles : *On dit qu'on n'y penfe pas*

» *de mal ; mais je réponds , comme*
» *j'ai déjà répondu ailleurs , que le*
» *Diable en penſe toujours.*

» Ce que le ſaint Prélat dit du
» Luxe des Habits, on peut le
» dire auſſi de celui de la table,
» des équipages & des ameuble-
» mens. La charité chrétienne ne
» permet pas de faire tant de
» dépenſes ſuperflues , pendant
» que les pauvres, qui ſont nos
» frères , manquent de toutes
» choſes, & meurent ſouvent de
» faim. De quel œil un Chrétien
» peut-il voir Jéſus-Chriſt ſouf-
» frant dans ſes membres une
» honteuſe nudité, pendant qu'un
» nombre d'inutiles valets &, qui
» pis eſt, des murailles mêmes
» ſont richement revêtues? N'eſt-
» ce pas dans ces occaſions qu'on
» peut dire, avec S. Auguſtin ,
» que ceux qui n'aſſiſtent pas les
» pauvres, ſont leurs véritables
» meurtriers; *Non paviſti , occidiſti.*

» Le ſaint Prélat reconnoît

» pourtant, avec S. Louis qu'il
» cite, que la condition doit ré-
» gler ces sortes de dépenses. Il
» y en a de permises aux Rois,
» aux Princes, aux personnes
» distinguées par leur naissance &
» par leur rang, qui ne le font
» pas à des particuliers qui n'ont
» point d'autre distinction dans le
» monde que celle que leur ac-
» quièrent des richesses souvent
» mal acquises. Il avoue même
» qu'on peut avoir égard à l'âge,
» qu'on peut souffrir dans de
» jeunes-gens, ce que des per-
» sonnes âgées, des femmes ma-
» riées, des veuves, ne se doi-
» vent point permettre; mais en
» tout état, en tout âge, en toute
» condition, il veut qu'on évite
» la superfluité, & qu'on se sou-
» vienne toujours de la modestie
» chrétienne. Voilà les sentimens
» de ce grand Évêque sur le *Luxe.*

   » Pour ce qui est de la pro-
» preté, il la loue & il la recom-

» mande ; il prétend même que
» la propreté extérieure est la
» marque d'un esprit bien réglé,
» & qu'elle représente l'honnê-
» teté intérieure. Il remarque en-
» core que Dieu demande la pro-
» preté corporelle dans ceux qui
» approchent de fes Autels, &
» qui font, pour ainfi-dire, les
» furveillans de la Piété. Il fou-
» tient que c'est méprifer ceux
» qu'on fréquente, que de vou-
» loir vivre avec eux avec des
» Habits mal-propres, & qui les
» choquent. Mais, en recomman-
» dant la propreté, il veut qu'on
» évite l'afféterie & ces curiofités
» vaines & fuperflues, qui ne fer-
» vent qu'à contenter la vanité.
» *Tenez-vous*, dit-il, *tant qu'il*
» *vous fera poffible, dans un état*
» *fimple & modefte.* Cet état est
» toujours fans doute le plus
» grand ornement de la beauté,
» & la meilleure excufe pour la
» laideur.

» Le saint Prélat étoit d'une
» exactitude extrême à retran-
» cher toute superfluité dans les
» Habits de ceux qui étoient sous
» sa conduite. On peut se souve-
» nir, à cette occasion, de la
» manière dont il en usa à l'égard
» de Madame de Chantal, dès les
» premiers jours qu'il l'eût con-
» nue. *Un jour* (dit l'Auteur de
» sa Vie en abrégé) *le saint Evê-*
» *que, la voyant un peu plus ajustée*
» *qu'à l'ordinaire, lui dit : Madame,*
» *laisseriez-vous d'être propre, si vous*
» *n'aviez cette petite Dentelle à votre*
» *Coëffe, & ces Glands à votre Mou-*
» *choir. La sainte Veuve, sur le champ,*
» *coupa les Glands, & fit découdre*
» *le soir la Dentelle.* Ces remar-
» ques sont petites ; mais elles
» font connoître combien le saint
» Évêque étoit ennemi, non-seu-
» lement du Luxe, mais encore
» de la superfluité dans les Ha-
» bits.

   » On peut dire en général qu'il

» en eſt de la manière de s'ha-
» biller, comme du langage.
» Dans l'un & dans l'autre, il faut
» éviter l'affectation; ne ſe rendre
» eſclave ni de la nouveauté ni
» de la mode; ne ſe point piquer
» de renchérir, ni d'aller plus loin
» que les autres, & ne s'obſtiner
» pas non-plus à ne ſe pas confor-
» mer au plus grand nombre, les
» régles de la modeſtie, étant
» d'ailleurs exactement gardées.
» La ſingularité fut toujours un
» mauvais caractère; il faut l'é-
» viter avec ſoin, ſur-tout dans
» les choſes qui regardent le
» Public.

» S. Louis, cité par S. François
» de Sales, donnoit ſur cela une
» excellente régle. Il faut, diſoit-
» il, que chacun s'habille ſelon
» ſa condition, de ſorte que les
» ſages & les bons ne puiſſent
» dire : *Vous en faites trop ;* ni les
» jeunes-gens : *Vous en faites trop*
» *peu.* Mais, ſi les jeunes-gens ne

» veulent pas se contenter de la
» bienséance, il faut s'en tenir à
» l'avis des sages.

» Le saint Prélat n'étoit pas
» seulement exact à retrancher le
» Luxe & la superfluité dans les
» autres, il en donnoit lui-même
» l'exemple, avec une fidélité qui
» alloit, pour ainsi-dire, jusqu'au
» scrupule. Outre ce que l'on a
» rapporté dans sa Vie de sa fru-
» galité dans sa table, de la mo-
» destie dans ses meubles & dans
» ses Habits, & du retranchement
» entier de toutes sortes d'équi-
» pages, on voit dans une de ses
» lettres, qu'il écrit confidemment
» à une Dame très-vertueuse,
» que, depuis qu'il avoit quitté le
» monde, pour embrasser l'état
» Ecclésiastique, il n'avoit jamais
» porté des bas d'Estame, ni de
» Gands lavés, & qu'il n'avoit
» même jamais voulu se servir
» de papier doré.

» Après cela n'y a-t-il pas lieu

» de s'étonner qu'on ait eu la té-
» mérité d'accuser ce grand Évê-
» que d'avoir eu trop d'indul-
» gence pour le Luxe ; & que
» ceux qui le favorisent encore
» aujourd'hui, osent se vanter de
» suivre ses maximes ? On n'en-
» treprend pas de l'en justifier ;
» d'autres plus habiles l'ont déjà
» fait. On se contentera de ren-
» voyer à ses sentimens qu'on
» vient de rapporter ; qu'on les
» examine avec attention, & l'on
» verra qu'on ne pouvoit pas
» donner aux gens du monde, des
» régles plus saintes & plus sen-
» sées pour la modestie des
» Habits. »

Après avoir entendu M. Mar-
follier nous exposer les sentimens
de S. François de Sales sur le Luxe
& la Vanité des Habits, les Lec-
teurs entendront, je pense, avec
plaisir, ce respectable Prélat exposer lui-même ses sentimens sur
ce sujet, avec cette aimable sim-

plicité qui fait fon caractère prin-
cipal. Il les a confignés, ces fentimens, dans le Chapitre XXV de
la IIIe partie de fon *INTRODUC-
TION A LA VIE DÉVOTE.* Ce
Chapitre a pour titre : *De la Bienféance dans les Habits.*

« S. Paul (dit le pieux Évê-
» que) veut que les femmes
» chrétiennes (il faut en dire au-
» tant des hommes), foient vêtues
» d'Habits conformes à la bien-
» féance, & qu'elles foient mo-
» deftement parées. Or la bien-
» féance des Habits & des autres
» Ornemens, dépend *de la matière,
» de la forme & de la propreté. Quant
» à la propreté*, elle doit être
» prefque toujours égale dans nos
» Habits, fur lefquels, autant que
» nous le pouvons, nous ne de-
» vons fouffrir aucune tache. La
» propreté extérieure repréfente,
» en quelque façon, l'honnêteté
» intérieure. Dieu même, de-
» mande la propreté extérieure

» de ceux qui s'approchent de
» ſes Autels, & qui ſont, pour
» ainſi dire, les ſurveillants de la
» Piété.

» *Quant à la matière & à la forme*
» *des Habits*, la bienſéance ſe
» conſidère par pluſieurs circon-
» ſtances, du *temps*, de l'*âge*, des
» *qualités*, des *compagnies*, des ó-
» caſions. On ſe pare ordinaire-
» ment mieux aux jours de fête,
» ſelon la grandeur du jour que
» l'on célébre; dans le temps de
» pénitence, comme au Carême,
» on ſe néglige. Aux nôces, on
» porte une robe nuptiale; aux
» funérailles, des Habits de deuil,
» & auprès des Princes, on ſe re-
» vêt plus décemment que ſi on
» étoit parmi des domeſtiques.
» La femme mariée peut ſe parer,
» quand elle eſt auprès de ſon
» mari, & le doit même, s'il le
» déſire. Mais, ſi elle en fait au-
» tant, quand elle en eſt éloi-
» gnée; on demande à qui elle

» veut donc plaire par cette af-
» fectation. Les filles peuvent être
» plus ajuſtées, parce qu'il leur
» eſt permis de tâcher de plaire
» à pluſieurs; quoiqu'elles ne le
» doivent faire, que pour en ga-
» gner un ſeul par le mariage. On
» ne trouve pas même mauvais
» que les veuves qui n'ont pas
» renoncé au mariage, ſe parent
» en quelque façon, pourvû qu'il
» n'y ait rien dans leurs Ajuſte-
» mens de contraire à la mo-
» deſtie. Comme elles ont déjà
» été mères de famille, & qu'elles
» ont paſſé par les angoiſſes du
» veuvage, on ne doute pas
» qu'elles ſoient plus prudentes &
» plus retenues; mais, pour les
» vraies veuves, qui le ſont de
» corps & de cœur, la modeſtie
» & l'humilité ſont les Ornemens
» uniques dont elles doivent ſe
» parer. En effet ſi elles cher-
» chent à plaire aux hommes, elles
» ne ſont pas de vraies veuves;

» &, fi elles ne cherchent pas à leur
» plaire, pourquoi fe fervent-elles
» d'Ajuſtemens propres à attirer
» leurs regards ? Quand on ne veut
» pas recevoir les Hôtes, on ôte
» l'enſeigne du logis. On ſe moque
» toujours des perſonnes âgées,
» quand elles cherchent à plaire
» par la parure. C'eſt une folie qui
» n'eſt ſupportable que dans les
» jeunes perſonnes.

  » Soyez propre, Philothée, qu'il
» n'y ait dans vos Habits rien de
» contraire à la décence, ni qui
» puiſſe choquer. C'eſt méprifer
» ceux qu'on fréquente, que de
» vouloir vivre parmi eux avec
» un Habit mal-propre & déf-
» agréable à la vue. Mais gardez-
» vous bien des recherches vaines
» & folles dans la manière de
» vous habiller. Tenez-vous,
» autant qu'il vous fera poſſible,
» dans un état ſimple & modeſte.
» Cet état eſt toujours, fans doute,
» le plus grand Ornement de la

» beauté, & la meilleure excufe
» pour la laideur. S. Pierre avertit
» principalement les jeunes femmes
» *de ne point porter les cheveux frifés.*
» Les hommes qui s'occupent de
» ces folies, paffent pour des effé-
» minés : & les femmes pour vaines
» & faciles. Car fi elles ont de la
» chafteté, cette vertu ne paroît
» pas dans ces Vanités. On dit qu'on
» n'y penfe pas de mal. Je réponds,
» comme j'ai répondu ailleurs, que
» *le Diable en penfe toujours.* Pour
» moi je voudrois qu'un homme
» pieux & une femme pieufe,
» fuffent toujours le plus propre-
» ment habillés; mais auffi qu'ils
» le fuffent avec le moins d'affecta-
» tion poffible, &, comme il eft
» dit au Proverbe, qu'*ils fuffent*
» *parés de grâces, de bienféance &*
» *de dignité.* »

CONCLUSION.

IL me semble que ce petit Traité présente une lumière pour conduire dans les ténébres de cette vie, les pas de ceux & celles qui veulent se sauver; ou, pour mieux dire, cette Lumière nous est présentée par le Saint - Esprit, dans les saintes Ecritures & par les Pères dans leurs Instructions & leurs Ecrits. Mais n'en sera-t-il pas de cette Lumière spirituelle, comme de la lumière sensible & extérieure du Soleil? Celle-ci est à charge aux yeux malades ; ils ne peuvent la supporter, & ils s'en détournent; mais elle plaît aux yeux sains, & elle fait leur joie. C'est ainsi que je ne doute pas que les vérités établies dans cet Ouvrage, ne soient bien reçues des personnes de Piété, & qu'elles ne déplaisent beaucoup aux personnes mondaines, qui n'en feront pas touchées. Ces perfonnes fe plaindront, peut-être même avec amertume, qu'on leur propofe des régles févères, qui les gêneroient trop, fi elles vouloient les fuivre. Comme fi ce qui étoit bon, vrai, pratiquable du temps des Apôtres & des SS. Pères, ne l'étoit plus du nôtre. Mais eft-il étonnant que, comme la fiévre ôte à ceux qui en font brûlés, le goût des nourritures corporelles, les meilleurs & les plus falutaires; de même la fiévre des paffions & du péché ôte le goût des plus faintes vérités à ceux qui font travaillés de cette fiévre fpirituelle. Qu'on guériffe la fiévre du corps; & alors on prendra avec plaifir & avec appétit, les nourritures dont on ne pouvoit même fupporter la vue ni l'odeur, lorfqu'on étoit agité de cette fiévre. De même, que Dieu guériffe dans une âme, l'amour du monde qui

l'a dominée jusqu'alors, elle écou-
tera & elle lira avec plaisir les
Vérités pour lesquelles elle n'a-
voit, avant sa conversion, que
de l'éloignement & de l'aversion;
elle y applaudira, au lieu qu'elle
les critiquoit & les combattoit;
& elle s'appliquera à les mettre
en pratique. On voit tous les
jours que les personnes bien con-
verties louent & recherchent ce
qu'auparavant elles blâmoient &
fuyoient. Je ne m'attends pas
que ce petit Ouvrage obtienne
les suffrages du plus grand nombre; mais, pourvû que Dieu
l'approuve & le rende utile à
quelques âmes, mes désirs seront
accomplis; ma peine récompen-
sée, & mes prières exaucées.

A V I S.

Cet Ouvrage tendoit à sa fin pour l'impression, lorsqu'on a reçu d'Italie la Pièce suivante :

EDITTO.

Marco Antonio del Titolo di S. Maria della Pace della S. R. C. Prete Card. *Colonna* della Santita di Noſtro Signore Vicario Generale , &c.

L'Apostolico *zelo della Santità di Noſtro Signore* CLEMENTE XIV. *felicemente Regnante non può non eſſer vivamente commoſſo in viſta degli odierni abuſi, che anno alterato la compoſtezza degli abiti femminili ; e ſpecialmente nel conſiderare , che il divoto Seſſo , dimenticando il ſuo pio coſtume , non riſpetti neppure l'Auguſta Abitazione , che l'Altiſſimo ſi è fabbricata in terra per ivi dimorare fra noi nell'Eucariſtico Sacramento , e ricevere le adorazioni , e i ſacrificj da'ſeguaci della ſua Evangelica Dottrina. Sono alla Santità Sua ben noti i rigoroſiſſimi Editti, che furono pubblicati dai due glorioſi Pontefici Innocenzo* XI. *e Clemente* XI. *ſopra il più modeſto e decente veſtir delle Donne , particolarmente in un luogo dichiarato dall'iſteſſa Sapienza , Caſa di orazione e di Santità; ordinando che le medeſime non ardiſ-*
EDIT

ÉDIT.

MARC-ANTOINE, du Titre de Sainte-Marie de la Paix, Prêtre de la Sainte Église Romaine, Cardinal Colonne, Vicaire-général de Sa Sainteté, Notre Seigneur le Pape, &c.

LE zéle apostolique de Sa Sainteté, Notre Seigneur le Pape CLÉMENT XIV, heureusement régnant, n'a pû qu'être vivement touché à la vue des abus d'aujourd'hui, qui ont altéré la manière honnête & décente des Habits des femmes ; & spécialement, en considérant que le Sexe qu'on appelle *Dévôt*, oubliant les anciennes mœurs, ne respecte pas même l'habitation auguste, que le Très-Haut s'est formée sur terre, pour y demeurer parmi nous, dans le Sacrement de l'Eucharistie, & recevoir les adorations & le Sacrifice que prescrit sa Doctrine évangélique. Sa Sainteté connoît les Édits très-rigoureux qui ont été publiés par deux de ses très-illustres Prédécesseurs, Innocent XI & Clément XI, sur l'Habillement que les femmes doivent observer le plus décent & le plus modeste, sur-tout

K

fero di entrarvi, fe non in afpetto di efem-
plar modeftia, coperte, e velate fecondo il
precetto del Principe degli Apofloli, e del
Dottor delle Genti.

Intenta dunque Sua Santità non meno
al bene fpirituale, che alla temporale fe-
licità de' fuoi Sudditi, e per rimuovere da
effi gli effetti di quel rigore, con cui il Fi-
glio di Dio fi armò un tempo contro i Pro-
fanatori del Tempio, ordina, che niuna
Donna di qualunque condizione fi avvanzi
a metter piede nelle Chiefe fe non veftita
nella forma più propria, e modefta, e che
non poffa dare alcun motivo di fcandalo:
riferbando al fupremo fuo arbitrio il caftigo
dovuto a chi non fi uniformaffe intiera-
mente ai fuoi fanti, e religiofi voleri.

Pone inoltre la Santità Sua a carico
de' Parrochi, Sagreftani, Confeffori, e di
ogni altro Superiore di qualunque Chiefa
d'invigilare full'efatta offervanza del pre-
fente Editto: che femmai ufaffero in ciò
diffimulazione, e toleranza per qualfivoglia
umano rifpetto, foggiaceranno anch'effi alle
dovute pene a feconda delle circoftanze.

dans un lieu que la Sageſſe même appelle *la Maiſon de Prière & de Sainteté* ; leur ordonnant de n'oſer y entrer qu'avec le maintien d'une modeſtie exemplaire, couvertes & voilées, ſelon le précepte du Prince des Apôtres, & du Docteur des Nations.

Sa Sainteté donc, également occupée du bien ſpirituel, & du bonheur temporel de ſes Sujets, pour ne pas attirer les effets de la rigueur avec laquelle le Fils de Dieu s'arma contre les profanateurs du Temple, ordonne qu'aucune femme, de quelqu'état & condition qu'elle ſoit, n'oſe mettre le pied dans les Égliſes, que dans la forme d'Habillement la plus convenable & la plus modeſte, qui ne puiſſe donner aucune occaſion de ſcandale ; réſervant à ſon autorité ſuprême, la punition due à qui ne ſe conformeroit pas entièrement à ſes ſaintes & religieuſes Ordonnances.

Sa Sainteté, en outre, charge les Curés, Sacriſtains, Confeſſeurs & tous autres Supérieurs de chaque Égliſe, de veiller à l'exacte obſervation du préſent Édit ; Déclarant que, s'ils uſoient jamais, dans ce point, de diſſimulation & de tolérance, par quelque reſpect humain que ce ſoit, ils feront eux-mêmes ſoumis aux peines

Non manchino altresì i Predicatori, Catechisti, ed altri Ministri Evangelici di cooperare a sì retto fine con le loro zelantissime esortazioni; mentre Noi in adempimento del nostro Offizio, e degli oracoli Santissimi porremo tutta la nostra possibil vigilanza, affinchè il decoro del Santuario sia degnamente rispettato, e la Santità Sua pienamente ubbidita. Dato dalla nostra solita Residenza questo dì 16. Dicembre 1770.

M. A. Card. Vicario.

ROMUALDO, Canonic. Onor. Segretario.

In Roma, nella Stamperia della Rev. Camera Apostolica, 1770.

qu'ils mériteront, suivant les circonstances.

Que les Prédicateurs, Catéchistes
& autres Ministres évangéliques ne
manquent pas de coopérer à une fin
si juste, par leurs exhortations les plus
zélées. De notre côté, pour accomplir
le devoir de notre charge, & les Or-
dres de Sa Sainteté, nous emploierons
toute la vigilance possible, pour que
l'honneur du Sanctuaire soit digné-
ment respecté, & Sa Sainteté pleinement obéie. Donné du lieu de notre
résidence ordinaire, le 16. de Décembre
1770. *Signé*, M. A. Card. Vicaire.

ROMUALDE, *Chan. Hon. Secrétaire.*

A Rome, de l'Imprimerie
de la Chambre Apostolique, 1770.

APPROBATION
du Censeur Royal.

J'AI LU, par ordre de Monseigneur le Garde des Sceaux, un Manuscrit intitulé : *Traité contre l'Amour des Parures, & le Luxe des Habits* ; & j'ai vu que tout y étoit solide, édifiant & très-propre à rappeller dans nos mœurs la pureté de la Morale chrétienne : Donné à Paris, ce 22 Février 1779.

Signé, LOURDET, Professeur Royal.

PERMISSION DU SCEAU.

LOUIS, PAR LA GRACE DE DIEU, ROI DE FRANCE ET DE NAVARRE : A Nos âmés & féaux Conseillers, les Gens tenans nos Cours de Parlement, Maîtres des Requêtes ordinaires de Notre Hôtel, Grand-Conseil, Prevôt de Paris, Baillifs, Sénéchaux, leurs Lieutenans Civils & autres Nos Justiciers qu'il appartiendra, SALUT. Notre âmé le Sieur Augustin - Martin LOTTIN, l'un de nos Imprimeurs-Libraires à Paris, Nous a fait exposer qu'il désireroit faire imprimer & donner au Public un Ouvrage intitulé : *Traité contre l'Amour des Parures, & le Luxe des Habits*, s'il Nous plaisoit lui accorder Nos Lettres de Permission pour ce nécessaires ; A CES CAUSES, voulant favorablement traiter l'Exposant, Nous lui avons permis & permettons par ces Présentes, de faire imprimer ledit

Ouvrage autant de fois que bon lui fem-
blera, & de le faire vendre & débiter par-
tout Notre Royaume , pendant le temps
de *cinq années* confécutives, à compter
du jour de la date des Préfentes. FAISONS
défenfes à tous Imprimeurs, Libraires &
autres perfonnes , de quelques qualité &
condition qu'elles foient , d'en introduire
d'impreffion étrangère dans aucun lieu de
Notre obéiffance ; A LA CHARGE que ces
Préfentes feront enregiftrées tout au long
fur le Regiftre de la Communauté des
Imprimeurs & Libraires de Paris , dans
trois mois de la date d'icelles ; que l'impreffion dudit Ouvrage fera faite dans Notre Royaume & non ailleurs, en bon papier
& beaux caractères ; que l'Impétrant fe
conformera en tout aux Réglemens de
la Librairie , & notamment a celui du
10 Avril mil fept-cent vingt-cinq, à peine
de déchéance de la préfente Permiffion ;
qu'avant de l'expofer en vente , le Manu-
fcrit qui aura fervi de copie à l'impreffion dudit Ouvrage , fera remis dans
le même état où l'Approbation y aura été
donnée , ès mains de Notre très-cher
& féal Chevalier , Garde des Sceaux de
France , le Sieur HUE DE MIROMENIL ;
qu'il en fera enfuite remis deux Exem-
plaires dans Notre Bibliothéque publique,
un dans celle de Notre Château du Lou-
vre , un dans celle de Notre très-cher &
féal Chevalier Chancelier de France , le
Sieur DE MAUPEOU , & un dans celle dudit
Sieur HUE DE MIROMENIL ; le tout
à peine de nullité des Préfentes ; Du

224

contenu defquelles vous mandons & enjoi-
gnons de faire jouir ledit Expofant & fes
ayans caufe, pleinement & paifiblement,
fans fouffrir qu'il leur foit fait aucun trou-
ble ou empêchement. VOULONS qu'à la
copie des Préfentes, qui fera imprimée
tout au long, au commencement ou à la
fin dudit Ouvrage, foi foit ajoutée
comme à l'Original. COMMANDONS au
premier Notre Huiffier, ou Sergent fur ce
requis, de faire, pour l'exécution d'icelles, tous actes requis & néceffaires, fans
demander autre permiffion, & nonobf-
tant clameur de Haro, Charte Nor-
mande, & Lettres à ce contraires; Car
tel eft Notre plaifir: DONNÉ à Paris, le
vingt-huitiéme jour du mois d'*Avril* l'an
mil fept-cent foixante-dix-neuf, & de Notre
Régne le cinquiéme. PAR LE ROI, EN SON
CONSEIL: *Signé*, LE BÉGUE.

Regiftré fur le Regiftre XXI. de la Cham-
bre Royale & Syndicale des Libraires &
Imprimeurs de Paris, N° 1687, fol. 116,
conformément aux difpofitions énoncées
dans la préfente Permiffion, & à la charge
de remettre à ladite Chambre les huit exem-
plaires prefcrits par l'Article CVIII du
Réglement de 1723. A Paris, ce 29 Avril
1779.

Signé, QUILLAU, *Adjoint.*

LIVRES DE PIÉTÉ

qui se trouvent chez le même Libraire.

Recueil de Canons pour Prime, divisés en neuf Parties, pour être distribués dans les neuf Volumes, tant du Missel que de la Quinzaine de Pâques, à l'usage de Paris. *Par M. l'Abbé Jouannaux*, 1755. . . . . *in-12* 1 *vol. rel.* . . . . 1 liv. 16 f.

Dissertation sur l'Apocalypse, où l'on examine, 1° En quel temps elle a été écrite, 2° Quel en est l'objet, 3° Si elle a été écrite en Grec, en Hébreu ou en Syriac, *ou,* Observations sur ces trois points, à l'occasion du Prospectus de *M. Deshautesrayes,* sur ce divin Livre. *Par L. E. Rondet, Paris,* 1776. *in-12* & *in-4°* 1 *vol. broché,* . . . 15 f.

Dissertation sur le Rappel des Juifs, & sur le Chapitre XIe de l'Apocalypse, *par M. L. E. Rondet, Paris,* 1778, *in-4°* broché 3 liv. | *in* 12 broché 3 liv. relié. . . 5. | relié. . 4 5 f.

Preces Matutinæ ac Vespertinæ, è Sacris Scripturis & Liturgicis Libris depromptæ; Autore *L. E Rondet,* . . *petit in-12* relié. . . . . 1 liv. 16 f.

——Le même en papier fin. 2 liv. 5 f.

Année Spirituelle, contenant une Conduite & des Exercices pour chaque jour de l'année, propres à nourrir la Piété d'une Ame Chrétienne, *(Dédié à la feüe Reine, par feû M. l'Abbé Tricalet,)* nouvelle Edition , 1770 , *petit in - 12* 3 vol. rel. . . . . 8 liv. 5 f.

Hiftoire de l'Inftitution de la Fête du S. Sacrement, avec des Méditations & l'Office à l'ufage de Rome & de Paris, *par le feû P. Hyacinthe de Montargon,* Paris , 1753, *in-121, vol rel.* 2 liv. 5 f.

Bibliothéque portative des Pères de l'Eglife qui renferme 1° l'Hiftoire abiégée de leur Vie ; 2° l'Analyfe de leurs principaux Ouvrages ; 3° le Précis de leur Doctrine ; 4° les plus belles Sentences extraites de leurs Ecrits, en Latin & en François, *(par feû M. Tricalet,)* . . *in-8°* 8 vol. rel. . . . . 40 liv.

Dictionaire Apoftolique, à l'ufage de MM. les Curés des Villes & de la Campagne, & de tous ceux qui fe deftinent à la Chaire : *par le feû P. Hyacinthe de Montargon,* Auguftin de Notre-Dame des Victoires : Paris , 1755, à 1758 *in-8°* 13 *vol. rel.* . . . . 65 liv.

Sentimens de Piété pour chaque jour du mois, *ou* Journée Chrétienne, *in-24,* veau 1 liv. — Les mêmes , *in-18 ,* veau . . . . 1 liv. 5 f.

L'Art de bien vivre & de bien mourir, contenant 1° la *Vie des Elus*, ou Exercice Chrétien pour bien vivre, *par le Frère Laurent - Etienne, Solitaire.* 2° La *Morts des Elus,* ou Exercice Chrétien pour bien mourir, *par le R. P. Archange Religieux Pénitent du* 3e *Ordre de S. François.* 3° La *Manière d'aſſiſter les*

Malades à la mort, *par le même Auteur:*
Paris , 1777. . . . . . . *in--12*
1 *vol. rel.* . . . . 1 liv. 10 f.
Précis Hiftorique de la Vie de J. C. *par l'Abbé*
Tricalet, nouv. édit. in-12, 1 *vol. rel.* 2 liv.

Biblia facra , Carminibus mnemonicis
comprehenfa : *Parifiis , Le Mercier,*
1749, ... *in-8°*
1 *vol. petit format. broch. de 32 pag.* 12 f.
Liber Pfalmorum recens editus, & mendis
quàmplurimis pafsim repurgatus, cum
Canticis facris. *Parifiis, Joffe,* 1733,
in-16, 1 *voi. en feuilles, plié, battu &*
collationné. . . . . 6 liv.
Le Nouveau Teftament de N. S. J. C.
traduit felon la Vulgate : *Paris, Bullot,*
1731, *in-24,* 1 *vol. rel.* . . . 1 liv. 10 f.
Le Nouveau Teftament de N. S. J. C.
traduit felon la Vulgate, *par de Bar-*
neville : Paris, 1735, . . . *in-12*
2 *vol rel.* . . . . 5 liv.
Paroles tirées du Nouveau Teftament de
N. S. J. C. pour éclairer les *Perfonnes*
Religieufes, par le P. Archange, in-18
1 *vol. rel.* . . . . 1 liv.
L'Evangile analyfé felon l'ordre hiftorique
de la Concorde, avec des Differtations
fur les lieux difficiles, *par le P. Mauduit*
de l'Oratoire, in-12, 8 *vol. rel.* 28 liv.
Les Pfeaumes de la Pénitence paraphrafés,
avec des Réflexions fur les principales
Vérités qu'ils renferment, *par un Prêtre*
Solitaire : Paris, Le Mercier, 1732,
in-12 1 *vol. petit pap. rel.* . . 1 liv. 10 f.

Pseaumes de la Pénitence de David ; avec
    des Réflexions : *Paris , Mariette,* 1727,
    *in-*18 1 *vol. rel.* . . . . . 1 liv. 5 ſ.
Vindiciæ Librorum Deutero-Canonicorum
    Veteris Teſtamenti : *Pariſ.* 1730 , *in-*12
    1 *vol. rel.* . . . . 2 liv. 5 ſ.
Sentimens ſur le *Pater, par ae S. Géry
    de Magnas : Paris, Pépie,* 1712 *, in-*24
    1 *vol. rel.* . . . . 15 ſ.
Prières du Matin & du Soir : Inſtruction
    ſur la Meſſe, & Prières pendant la Meſſe,
    *par M. Lambert, in-*18, 1 *vol rel.* 1 liv.
Office de la ſainte Vierge, Latin-François,
    ſans renvoi, *in-*18, 1 *vol. rel.* . . 1 liv.
Les Epîtres & les Evangiles avec les
    Oraiſons de l'Egliſe qui ſe diſent à la
    Meſſe, à l'uſage de Rome & de Paris,
    *par Macé, in-*12, 1 *vol. rel.* . . . 3 liv.
Entretiens Catholiques, *ou* Pratiques de
    Piété pour chaque jour de la Semaine,
    par le P. Archange. Paris, 1695 *, in-*12
    1 *vol. petit pap. rel.* . . . . 1 liv. 10 ſ.
Prônes de Ballet, ancien Curé de Gif.
    *in-*12, 13 *vol rel.* . . . . . . 32 liv. 10 ſ.
Les Sermons de S. Auguſtin ſur le Nouveau
    Teſtament, (*traduits en François, par
    Philippe Goibaut, Sieur du Bois.) in* 8°
    4 *vol. rel.* . . . . 20 liv.
Les Traités de S. Auguſtin ſur l'Evangile
    de S. Jean & ſon Epître aux Parthes,
    (*traduits en François, par du Bois.)
    Paris, Coignard,* 1700 *,* . . *n-*8
    4 *vol. rel.* . . . . 20 liv.

De l'Imprimerie de LOTTIN l'aîné 1779.

www.ingramcontent.com/pod-product-compliance
Ingram Content Group UK Ltd.
Pitfield, Milton Keynes, MK11 3LW, UK
UKHW022332090726
13658UKWH00001B/238